岩波現代全書
111

「論理」を分析する

Gendai Zensho
岩波現代全書
111

「論理」を分析する

八木沢 敬
Takashi Yagisawa

はじめに

（1）みんな、あなたを愛してる。
（2）あなたが愛してるのは、わたしだけ。
ゆえに、
（3）あなたは、わたし。

意外なことに、この推論は正しい。二つの仮定から結論へ、つぎのような道筋で論理的に到達できるからだ。

（1）みんな、あなたを愛してる。
よって、
（4）あなたは、あなたを愛してる。
だが、
（2）あなたが愛してるのは、わたしだけ。
すなわち、

（5） あなたがxを愛しているなら、 xはわたし。
ゆえに(4)と(5)により、
（3） あなたは、 わたし。

論理学は、 あたりまえのことを一般化・体系化して探究する学問だが、 この例が示すように、 あたりまえのことが意外なことである場合もある。 あたりまえのことをトコトン突き詰めると驚くべきことに行き着く、 ということは論理にかんする学問の世界ではよくあることだ。 オンとオフのスイッチという単純な器具から人工知能(AI)ができるようなものである。

もしいまわたしが、「あなたは呼吸しながら本書を読んでいる。 ゆえに、 あなたは本書を読んでいるのではない」といったとしたら、 あなたは納得するだろうか。 もちろん、 しないだろう。 してはいけないのである。 納得してはいけない理由は二つあるが、 そのうちの一つはもちろん、 わたしが出した結論が偽だということである。 いまあなたはじっさいに本書を読んでいるので、「あなたは本書を読んでいるのではない」という主張が受け入れられないのは当然だ。 だが、 もう一つの理由はこれとはちがう。 あなたがいま本書を読んでいるいないにかかわらず当てはまる理由である。 それは、「あなたは呼吸しながら本書を読んでいる」から「あなたは本書を読んでいるのではない」がそもそも帰結するわけがない、 ということである。

この二つめの理由は、 一つめの理由とまったく種類がちがう。 一つめの理由がもっともで説得力のある理由であるためには、 あなたが本書を読んでいるということがあきらかである必要があるが、あなたにとって、あなた自身が本書を読んでいるか否かはあきらかだろう。なので、あなたにとって一つめの理由は、わたしの言葉に納得しないもっともで説得力のある理由である。しかし、あなたがいま本書を読んでいるということがあきらかではない人(あなたが何か本を読んでいるのはみえるが何を読んでいるのかわからない隣人、あなたが何をしているのか知らない友人、あなたという人間が存在することさえ知らない他人など)にとっては、わたしの言葉に納得しない理由にはならない。そういう一つめの理由とちがって、二つめの理由は、そのような人々にも同様に有効かつもっともで説得力を持つべき理由なのである。

わたしが発したのは、「あなたはxをしながらyをしている。ゆえに、あなたはyをしているのではない」という形の言葉だ。こういう形をしているという事実だけで、わたしの言葉に納得してはならない理由としては十分なのである。これに気がつけば、二つめの理由を一般化できる。これと同じ形をした発言内容は、とうてい納得のいくものではない。xをする、またはyをするということが何をすることか知る必要はさらさらない。xとyが何であれ、そういう発言は受け入れられない。この受け入れられなさは誰にもあきらかなはずだ。そして、それを体系的に一般化した形で詳しく説明することを可能にするのが論理学なのである。

わたしたちは正しい論理なしには生きられない。「あなたはxをしながらyをしている。ゆえに、あなたはyをしているのではない」に納得するような人は、「xかつyである。ゆえに、yではない」にも納得することだろう。そしてその結果、遅かれ早かれ事故にあうだろう(「道路が濡れていて、かつ車が走っている。ゆえに、車が走ってはいない」)。論理は人間にとって不可避であり、正しい論理を身につけることは死活問題である。幸いなことに、ほとんどの人は正しい論理を生まれながらに身につけている。と同時に、ほとんどの人はそれが何かということについて無知であり、多くの人は無頓着ですらある。本書を手にとっているあなたは無頓着ではないだろう。無頓着ではないにしても、無知あるいはそれに近い状態にあるとしたら、少しでも「有知」の状態に移行する手助けをするのが本書の使命である。

論理の中核を成す「推論の妥当性」という概念についての分析が、本書の大部分を占める。その分析のなかで、形式的な操作としての演繹（証明）の話と、哲学的（形而上学的）な基礎づけとしての可能性、さらに可能世界の話に特に焦点を合わせる。

本書を一気に読もうとしてはならない。消化不良を起こすだけだ。一章一節ずつ時間をかけて、ゆっくり楽しんでほしい。

目次

第 1 章

心と論理

1　「感じる」と「考える」

あなたがシュークリームを食べているとき、あなたの顎と舌は動いている。だが、動いているのは顎と舌だけではない。あなたの心も動いている。知覚、思考、感情、意志という四種類の動き方をしている。皮のやわらかさやクリームのなめらかさと甘さを知覚し、おいしいと思い、楽しく陽気になり、残さず食べようという意志がはたらく。

もちろん、これら四種類の心の動きはシュークリームを食べるときにのみ起きることではない。目覚めているときならば常に起きていることである。五感を介して起きる知覚は外界についての情報をあたえ、その情報が悟性・理性によって思考という形で処理され、意志によって行動が帰結する。その際、知覚も思考も意志も、感性の影響をうけ感情によって色付けられているのがふつうだ。知覚、思考、意志、感情のあいだには複雑な相互関係があり、総合的な心の理論はそれらを網羅し体系的に記述しなければならない。そのような記述は小冊子ではとうていなしえない。そのような総合的な心の理論ではなく、思考を規制する理性の原理が本書であつかうトピックである。知覚と感情がわたしたちに「起きる」ものであるいっぽう、思考はわたしたちが「する」ものである。思考のこの能動性が思考を心の動きのなかでユニークなものとし、思考がしたがうべき規則の学である論理学に特別な地位をあたえる。

シュークリームをおいしいと感じるのは、いくつかの単純な知覚経験が同時に起きることによって生じる複合的な知覚経験の結果である。甘いという感じ（味覚）、やわらかいとかなめらかだという感じ（触覚）、独特の心地よいかおりの感じ（嗅覚）が同時に起きておたがいを増幅しあった結果起きるのが、おいしいという感じなのである。

感じについて重要なのは真偽が問えないということだ。シュークリームを食べたときに経験するおいしさの感じは、真だとも偽だともいえない。まずいシュークリームだったとしても、おいしさの感じが偽だということに意味はない。感じは起きるか起きないか、どちらかであって、いったん起きれば、それは生起したできごととしてそれ自体で完結しており、（シュークリームなど）外部の事物に言及はしない。シュークリームが原因となって生起しているのだが、シュークリームへの指向性は持たない。甘さの感じをその原因であるシュークリームと結びつけるには、心の別の動きがいる。思考である。甘さの感じになくて「このシュークリームは甘い」という思考にあるのは判断だ。甘さの感じは味覚経験にすぎないが、「このシュークリームは甘い」という思考は、その味覚経験を外部の事物の性質をあらわすものと解釈し、その味覚経験にもとづいてシュークリームという外部の物を甘いと判断するのである。判断があれば真偽を問うことができる。甘さの感じは真でも偽でもないが、「このシュークリームは甘い」という判断は真でも偽でもありうる。

同様のことは感情についてもいえる。うれしいという感情は真でも偽でもない。それに対して「このシュークリームを食べると、わたしはうれしくなる」という思考は、そのシュークリームとわたしの感情の関係についての判断なので、真偽を問うことができる。判断について真偽が問えるのは、判断が文の形をしているからである。感じや感情は文の形をしていないので、真偽が問えないのだ。

真偽が問えなければ論理は成り立たない。すなわち、感じや感情は論理の支配下にない。因果関係に支配されているにすぎない。思考があれば判断があるので真偽の問題が起き、論理を語れる(論理を語れる場面に因果関係はない、といっているのではもちろんない)。

もう一つ論理学が心理学とちがうのは、守備範囲の特殊さである。感じや感情は真偽が問えないので論理学の対象にならないのに対し、感じや感情が心理学の対象になるのはもちろんである。心の状態、心の動き、そしてそれらと行動の関係は、すべて心理学の対象になる。心的現象とその行動への関与一般が心理学の研究対象になるいっぽう、論理学の研究対象は思考にかぎられるが、かといって、すべての思考が論理学の研究対象になるわけではない。思考のなかでも「推論」にかぎられるのである。

推論とは、仮定から結論を導き出す操作である。たとえば、特定のシュークリームについて「これがまろやかならば、これはおいしい。これはまろやかだ。ゆえに、これはおいしい」という推論は、「これはおいしい」という結論を「これがまろやかならば、これはおいしい」と「これはまろやかだ」という二つの仮定から導き出している。ただ単に「これがまろやかならば、これはおいしい」と思うだけでは、推論にはならない。「これはまろやかだ」という思いだけでも、あるいは「これはおいしい」という思いだけでも推論にはならない。仮定から結論を導き出す、という操作が推論の本質である。

さらにもう一つ、論理学が心理学とちがう点がある。それは、心理学が推論をふくめて思考というできごとを自然現象としてあつかうのに対し、論理学は推論という思考の形と内容に焦点を合わせるということである。先の推論の例における「これはまろやかだ」という仮定をなす思考は、ある特定の時点に、ある特定の場所で、ある特定の人物のなかに生起するできごとであり、心理学は、それをそういうできごととしてあつかう。と同時に、その思考はある特定の形と内容を持つ。その内容はできごとではない。時点や場所に生起することではない。思考が真だとか偽だとかいうとき、わたしたちは思考の内容について語っている。つむじ風が真だとか偽だとかいえないように、できごととしての思考は起きるとか起きないとかはいえるが、真だとか偽だとかはいえない。そういえるのは思考の内容である。

あなたが12時に「これはまろやかだ」と思考(判断)し、わたしがその10秒後に(同じシュークリームについて)「これはまろやかだ」と思考(判断)したならば、あなたの思考の内容とわたしの思考の内容は同一である。だが、あなたの思考はわたしの思考より10秒早く起きているので、二人の思考は同一のできごとではない。同じ種類のできごとではあるが、同一ではない。あなたの思考をx、わたしの思考をyとすれば、x≠yだということだ。xとyには(ある特定のシュークリームについて、そのシュークリームはまろやかだ、という内容を持っているという点をふくめて)多くの共通点があるが、x＝yではない。x＝yならば、xについていえることはすべてyについてもいえるはずだが、「12時に起きた」はxについていえるがyについてはいえないからである。

2 「こう考える」と「こう考えるべき」

推論という思考は心理的できごとであって、人間心理をつかさどる何らかの規則性にしたがって生起するのであろう。そのような規則性をあきらかにするのは心理学の役目だろうが、論理学の役目は何だろうか。何らかの規則性をあきらかにするという点では心理学と同じだが、規則性の種類がちがう。一般に規則性には二つの種類があり、思考と論理の関係を語るにあたって、それらをはっきり区別することが大事である。

論理学は、わたしたちの思考の法則を研究する学問ではない。論理法則は、わたしたちの思考法則ではない。物理法則が、物理現象の生起にかんする法則であるのと対照的である。交通法規が、車両や歩行者のじっさいの行動の記述ではないのと似ている。交通法規は、車両や歩行者がどう行動すべきかを制御する規範である。似たようなかたちで、論理法則は、わたしたちがじっさいどう思考するかについての記述ではなく、わたしたちがどう思考すべきかを制御する規範なのである。

わたしたちの思考は、人間の心の動きにかんする何らかの法則にしたがってなされる行為だが、論理学はそのような法則を解明しようとする学問ではない。そのような法則は、それにしたがって思考が生起する法則であり、思考の規範となる規則ではない。論理的規則の学問である論理学は、思考行為を記述する学問(「わたしたちはこういうふうに思考する」と述べる学問)ではなく、思考行為を導く規範の学問(「わたしたちはこういうふうに思考すべきである」と処方する学問)である。その意味で、論理学の体系は価値体系なのである。これが、思考という共通のトピックを持ちながら、論理学が心理学と決定的にちがうところだ。

たとえば、「pならばq」と「p」から「q」を推論してもいいが、「pならばq」と「q」から「p」を推論すべきではない、と論理学者は主張する。たとえ、大多数の人々が恒常的にじっさいに後者の推論をしていると心理学者が主張したとしてもである。

では、「饅頭1に黒あんがはいっている」、「饅頭2に黒あんがはいっている」、…、「饅頭kに黒あんがはいっている」から「すべての饅頭に黒あんがはいっている」を推論するのはどうだろう。論理学者は、そうしてもいいというのか、そうすべきではないというのか。

それは、その論理学者が「演繹」論理学者か「帰納」論理学者かによる。前者なら、その推論はすべきではないというだろうが、後者なら、ある条件が満たされればその推論はしてもいいというだろう。後者はさらに、「pならばq」と「q」から「p」を推論していい場合もあるということだろう。本書のトピックは演繹論理である。帰納論理については第3章1節で簡単にあつかうとして、まず次章で演繹論理の基礎を浮き彫りにすることにしよう。

第2章

否定すると矛盾する

1　意味だけで真になる

いっている意味を理解しただけで、即座に真だとわかる文がある。その文を否定すると矛盾に陥る、ということが意味を理解するだけで即座にわかる、そういう文である。そのような文を「分析的な」文という（厳密には「分析的に真な」文というべきだが、分析的に偽な文をあつかう機会は少ないので、単に「分析的」といっておく）。「夜も昼も空には星がある」は、分析的な文ではない。何をいっているか理解しても、それだけで真だとわかるわけではない。それどころか、真ではないと思ってしまうかもしれない。たとえば、ランチの直後に空を見上げて星がみえないという理由から、その文は真ではないと思ってしまうかもしれない。いっていることを理解するだけでなく、ある程度の天文学の知識がないと真だとはわからない文なのである。では、いっていることを理解しただけで、そのほかの知識がなくても真だとわかる文とは、どういう文なのだろうか。そういう文で、いっている意味がすぐわかるものの例をいくつかあげよう。

（1）　あなたの身長は、157センチメートル以下か以下でないかどちらかだ。
（2）　あなたの身長が157センチメートルならば、あなたの身長は157センチメートルだ。
（3）　赤いスカーフはスカーフだ。
（4）　深海魚は魚だ。

（５）子孫には先祖がいる。
（６）独身者には配偶者がいない。
（７）先輩の先輩は先輩だ。

（１）は、あなたに身長があるかぎり、その身長がどれだけであろうと真である（あなたに身長がないという事態は理解しがたいので無視しよう）。その身長をセンチメートル単位で測った数が１５７より大か、大でないかどちらかに決まっているからだ。あなたの身長がどれだけかという知識はいらない。

また、じっさいの身長がどれだけであろうと、もしそれが１５７センチメートルならそれは１５７センチメートルだ、というのは真である。じつはわたしは火星人ではないが、もし火星人だったとしたら火星人だったろう、というのと似たようなものだ。よって、あなたに身長があるかぎり（２）は真である。「あなたの身長が１５７センチメートルならば、あなたの体重は45キログラムだ」とは、あきらかにちがう。

（３）はあきらかに真だが、その理由を誤解してはいけない。（３）が真なのは「ｆであるｇはｇだ」という形の文がすべて真だからではない。たとえば「偽造された一万円札は一万円札だ」は真ではないし、「おもちゃのライフルはライフルだ」も真ではない。偽造札で買い物はできないし、おもちゃのライフルでイノシシは撃ち殺せない。「赤い」は「偽造された」や「おもちゃの」とはちがって、「ｇ」が何かにかかわらず「赤いｇはｇだ」を真にするような形容詞だ、というのが

(3)が真であることの理由なのである。これは「赤い」の意味を知っている人なら、誰でもわかっていることだ。(4)も同様に、「深海魚」の意味を知っていれば真だとわかる文である。

これにくらべて(5)は、ちょっと毛並みがちがう。(1)の真理は特に157という数によっているのではないし、そもそもあなたの身長の話でなくてもいい。「あなたの体重は、45キログラム以下か以下でないかどちらかだ」や「わたしの肺活量は、4000ミリリットル以下か以下でないかどちらかだ」もまったく同じ一般的な理由で真である。(3)と(4)も、すべてではないが大多数の形容詞に共通の理由で真であり、「こっけいな演説は演説だ」や「ヒゲのはえた歌手は歌手だ」など、例は無数にある。

ところが(5)が真である理由は、「子孫」と「先祖」という二つの単語の意味に決定的に依存している。ほかの単語ペアには一般化できない理由で真なのである。「ひょうきん者には敵がいる」や「白色矮星には伴星がある」は、言葉の意味を知っているだけで真だとわかるわけではない。似たような例は限りなくある。

同じように、特定の単語ペアの意味に決定的に依存するかたちで真なのが(6)である。「独身者」は結婚していない人という意味の単語で、「配偶者」は結婚の相手という意味の単語なので、「独身者には配偶者がいる」は真ではありえない、つまり「独身者には配偶者がいない」は真でなければならない。

(5)や(6)とちがって、単語のペアではなく、ただ一つの単語の意味に決定的に依存するかたちで真なのが(7)である。「先輩」の意味は、xがyの先輩で、yがzの先輩ならば、xはzの先輩でなければならない、ということが成り立つような意味なので、その意味を知っていさえすれば(7)が真だとわかる。同様なことが成り立たない「友達の友達は友達だ」と比較するといいだろう。先輩関係のこの性質を「推移性」と呼ぶ。色々な関係が推移性を持つということはあきらかだ。たとえば「より背が高い」という関係は推移的である。xがyより背が高く、yがzより背が高ければ、xはzより背が高いはずだ。「友達だ」という関係が推移的でないのはいうまでもないが、「同じ釜の飯を食った」や「キスをした」も推移的ではない関係である。

2　論理の言葉の意味だけで真になる

さてここで、分析的な文を大きく二つに分類しよう。(1)～(7)の例でいえば、(1)と(2)が一つの種類に属し、(5)～(7)がもう一つの種類に属する。(3)と(4)については、すでに述べた以上に深入りをすることは、あえてしない。

(5)～(7)は、すでにみたように、特定の言葉の意味に決定的に依存するかたちで真であり、さらにそれは、ほかのトピックに一般化できない。それにくらべて(1)と(2)は、特定の言葉の意味に決定的に依存するかたちで真だが、ほかのトピックに一般化できる。いかなるトピックについての文でも、つぎの形をしていれば真だということがあきらかだからだ(「p」という文字は文の省略形と理解しよう)。

（8）　pかpでないかどちらかだ。

（9）　pならばpだ。

（8）と（9）の形をしたすべての文が真だという保証はどこからくるのか（（8）の形の文がすべて真だという保証はない、といいたい読者は、第3章6節での二重否定の検討まで待ってほしい）。あきらかに、「（　）か（　）でないかどちらか」と「（　）ならば（　）」といういい回しの意味からくるに決まっている（ここの丸カッコには文がはいる）。分析的な文なので、言葉の意味が決定的に重要な役割を果たしているのにまちがいはない。ただ、「子孫」、「先祖」、「独身者」、「配偶者」、「先輩」などといった特定のカテゴリーをさす言葉とちがい、この二つのいい回しは、いかなる特定のカテゴリーもささず、特定のカテゴリーをさす言葉のいわば仲介役を担ういい回しだといえる。特定のカテゴリーをさす言葉は「p」の内部におさまっている。「（　）か（　）でないかどちらか」と「（　）ならば（　）」といういい回しのこの「汎カテゴリー性」とも呼べる性質が、いかなるトピックについても（8）と（9）の真理を保証するのである（「（　）」を埋める文が同じだ、という拘束が暗黙の了解としてあるということはいうまでもない）。これが論理的真理の神髄であり、ほかのいくつかの汎カテゴリー的ないい回し、たとえばつぎのようないい回しも論理的に真理を保証する（「f」という文字は形容詞や名詞などの省略形と理解しよう）。

（10）　p、かつpでない、ということはない。

（11） fでないものがあるならば、すべてのものがfなのではない。

論理的真理の源である汎カテゴリー的な言葉の基本的な代表例として、「かつ」、「または」、「ではない」、「ならば」、「すべての」、「何らかの」などがあり、これらの言葉は「論理定項《ていこう》」と呼ばれる。

これらの言葉のほかにもう一つ別の論理定項があるのだが、これが見かけによらず誤解されやすい。しかもそれは論理の根底をなす、もっとも基礎的な概念の一つをあらわす言葉でもあるので、節を改めて論じることにしよう。

3 「同一だ」は論理の言葉

ある個体がある個体と同一だということは、ある個体とある個体のあいだに同一性という関係が成り立っているということである。二つの個体のあいだに同一性は成り立たないので、「これはあれと同一だ」という文が真なのは、「これ」がさすものと「あれ」がさすものが一つのものである場合にかぎる。これはあたりまえすぎて、わざわざ言及するに値しないと思うかもしれないが、あたりまえすぎると思うことこそ油断をさそい思考の混乱を招きかねないのだ、ということを忘れてはならない。

さて、ここで使われている「（ ）は（ ）と同一だ」は、通常「（ ）は（ ）だ」といういい回しに簡略化されると同時に、さらに記号化されて「＝」で置き換えられることが多い。「これはあれと同一だ」は「これはあれだ」と簡略化され、さらに「これ＝あれ」となる。ここで重要なのは、一般的にいって「（　）＝（　）」という形の文は二種類に分けることができるということである。

(12)　二葉亭四迷は二葉亭四迷だ。
(13)　長谷川辰之助は長谷川辰之助だ。
(14)　二葉亭四迷は長谷川辰之助だ。
(15)　二葉亭四迷は坪内雄蔵だ。

(12)と(13)は「＝」の前後が同じ名前の「a＝a」という形であるいっぽう、(14)と(15)は「＝」の前後が異なる名前の「a＝b」という別の形をしている。このちがいは重要である。なぜなら、「a＝a」という形の文は、「＝」の意味さえ知っていれば「a」が何をさすか知らなくても真だということがわかる自明な文だが、「a＝b」の形の文は「＝」の意味の知識だけではだめで、「a」と「b」が同じものをさすということを知らなければ真だとはわからないからである。

だが、よく考えると、それは「a＝a」の形の文についても同様にいえることではないだろうか。「＝」の意味の知識に加えて、「＝」の上にある「a」と「＝」の下にある「a」が同じものをさすということがわからなければ、その文が真だということはわからないのではないだろうか。そのとおりである。では、なぜ「a＝a」の形の文が自明なのに対し、「a＝b」の形の文はそうではないのか。このちがいは、どこからくるのだろうか。それは文の「構造」からくるのである。「a＝a」の形の文中にある「＝」の上下の二つの「a」は、たまたま同じ文字で書かれ同じように発音される二つの名前をあらわしているのではなく、一つの名前が二回生起していることをあらわしているのである。ちょうど、「pならばpだ」という文(9)において、「ならば」の上下の二つの「p」が、二回生起している一つの文を示しているのと同じである。

たとえば、グロテスクな人体描写で知られる二十世紀のイギリスの画家と、経験科学の画期的な新しい方法論で知られる十六～十七世紀のイギリスの哲学者を混同して「フランシス・ベーコンはフランシス・ベーコンだ」といったとすれば、それは「a＝a」の形の文ではなく「a＝b」の形の文を発したことになる。それは、(14)や(15)と同じ形をした文なのである。「a」と「b」はともに「フランシス・ベーコン」と書かれ、そう発音されるにもかかわらず、二つの異なる名前であり、同じ人物をさしていると発話者がたまたま思っているにすぎない。

そもそも「a＝a」という形の文は、自己同一性をあらわす文なのだ。「aはそれ自身と同一だ」という意味の文だということである。すべてのものが自己同一的だということは自明なので、「a＝a」の形の文は自明なのである。それに対し「a＝b」の形の文は、ただ単に「aはbと同一だ」といっているだけで、自己同一性をあらわしているのではない。よって自明ではないのだ。

「p」、「q」、「a」、「b」などの文字は、このようにごく自然な調和的解釈のもとにのみ意味をなす。アルファベット文字のこうした使用法は、論理構造を論じるときに欠かせない。文字を使わず「(　)ならば(　)」とか「(　)＝(　)」などのように空白を使えば、「ならば」や「＝」の二項性(二つの個体の関係だということ)をあきらかにすることはできるが、「爬虫類ならば爬虫類」と「爬虫類ならばトカゲ」のちがいや、(12)と(14)のちがいなどが表現されていないので、論理的真理とそうでない真理を区別することができない。二つの空白を何らかの記号を加えることで区別して、たとえば、「(＊)ならば(＊)」と「(#)＝(#)」は論理的真理だが、「(＊)ならば(＋)」と「(#)＝(b)」はそうではないということはできるが、それは結局アルファベット文字を使うのと何ら変わりはない。

「a＝a」の形の文が示す論理構造が(12)と(13)を論理的に真にしているので、(12)と(13)は自明なのである。つまり、同一性をあらわす「＝」は、「かつ」、「または」、「ではない」、「ならば」、「すべての」、「何らかの」と並んで、論理的真理を生みだす論理定項なのである。

(14)と(15)は同じ形だが、自明性を持たない論理構造をしている。さらに、前者は真で後者は偽であり、これらの事実は、いかに論理学に長けていたとしても、日本文学史にまったく無知な人にはわからない。

ということは、(14)は論理的真理でないのみならず、分析的でもないということになるのではないのか。たとえ同一性関係をあらわす「(　)は(　)だ」(「＝」)の意味と、「二葉亭四迷」という名前の意味と、「長谷川辰之助」という名前の意味を知っていたとしても、日本文学史に無知ならば(14)が真だということはわからないのではないか。そして、もしそうだとしたら、言葉の意味以外の知識(文学史の知識)なくしては(14)が真だとはわからない、ということなのではないか。

いや、そう結論づけるのは性急である。「＝」の意味と「二葉亭四迷」の意味と「長谷川辰之助」

の意味を知っていれば(14)が真だとわかる、とする議論があるのだ。それをみてみよう。

4　同一性の文の分析性

論理的真理ではないが分析的な文はいくらでもある。「すべての赤いものには色がついている」、「走っている人はみんな動いている」、「独身者は全員未婚である」など。これらが論理的真理でないのは、同じ形だが偽の文の存在によってあきらかである。「すべての安いものにはオマケがついている」、「酔っている人はみんな歌っている」、「独裁者は全員長身である」など。(14)のように「a = b」の形をした文も論理的真理ではないが分析的だ、という主張を擁護するのがつぎの議論である。その議論をみるにあたって、「分析的」ということは文の意味だけにもとづいて真だということを忘れないようにしよう。

まず、二葉亭四迷と「二葉亭四迷」を区別することからはじめる。そもそも両者はまったくちがったカテゴリーに属する個体である。前者が人間であるのに対して、後者は生物でさえない。名前である。二葉亭四迷は三十兆以上の細胞から成っていたが、「二葉亭四迷」は五つの漢字から成る。二葉亭四迷は言葉を書くのが仕事だったが、「二葉亭四迷」は言葉である。「二葉亭四迷」は二葉亭四迷の名前であるが、二葉亭四迷は「二葉亭四迷」の名前ではない。二葉亭四迷は、いかなる個体の名前でもない。

「二葉亭四迷」は言葉なので、その言葉の意味を問うことができる。そして、その問いの答えは簡単に出せるだろう。それは、二葉亭四迷をさすということである。これを知っていることが、「二葉亭四迷」という名前の意味を知っているといえるための必要かつ十分な条件なのである。つまり、「二葉亭四迷」が二葉亭四迷をさすということを知っていれば「二葉亭四迷」の意味を知っていることになり、「二葉亭四迷」の意味を知っているならば「二葉亭四迷」が二葉亭四迷をさすということを知っている、というわけである。

一般に、あたえられた名前がある特定の人物をさす、ということを知るためには何が必要なのか。少なくとも二つのことが必要だろう。その名前が何かを知ることが必要であり、また、その人物が誰かを知る必要がある。その名前をみたり聞いたりして、どういう名前かを知り、その人物をみたり聞いたりして、どういう人物かを知ることが必要なのである。

これを目下の例に当てはめれば、「二葉亭四迷」という名前の意味を知るには、「二葉亭四迷」がどういう名前かを知り、二葉亭四迷がどういう人物かを知らなくてはならない。ということは、「二葉亭四迷」という名前の意味を知るには、少なくとも二葉亭四迷がどういう人物かを知る必要があるということである。同様に、「長谷川辰之助」という名前の意味を知るには、長谷川辰之助がどういう人物かを知る必要がある。すなわち、(14)の意味を知るには、二葉亭四迷がどういう人物か、そして長谷川辰之助がどういう人物かを知る必要がある。つまり、(14)の意味を知っているならば、二葉亭四迷と長谷川辰之助がどういう人物かを知っているということなのである。二葉亭四迷と長谷川辰之助がどういう人物かを知っていれば、二葉亭四迷は長谷川辰之助だということがわかるだろう。ゆえに、(14)の意味を知っていれば、(14)は真だとわかるのである。

しかし、この議論には、つぎのような反論があるかもしれない。二葉亭四迷と長谷川辰之助がどういう人物かを知っているからといって、二葉亭四迷は長谷川辰之助だということがわかることにはならない。一般に、xがどういう人物でyがどういう人物か知っていても、xとyが同一人物だとはわからない、ということは可能である。たとえば、デイリー・プラネット社で働くロイス・レインは、同僚のクラーク・ケントがどういう人物か知っている。また、悪と戦い惨事を防ぐ社会的ヒーローで、個人的にも命を助けられたことがあるスーパーマンがどういう人物かも知っている。だが、クラーク・ケントがスーパーマンだとは気づいていない。これは、xがどういう人物でyがどういう人物か知っているにもかかわらずxとyが同一人物だとわからないという例であるばかりか、xとかなり深い面識がありyとかなり深い面識があるにもかかわらずxとyが同一人物だとわからないという例でもある。

この反論に、右の議論の賛同者は、どう対処できるだろうか。二葉亭四迷が誰か、どういう人物かを知り、さらにかなり深い面識があったとしても、それは「二葉亭四迷」という名前の意味を知っていることにはならない、と主張するのはどうだろう。そう主張すれば、名前の意味を知るための十分条件をより厳しくすることになるので、(14)がふくむ二つの名前の意味を知っていれば(14)が真だとわかるという議論の擁護になりうる。ただ、名前が誰をさしているのかを知っていることが名前の意味を知っているために十分でないならば、何が十分なのかを明確にする必要があるが、名前の指示対象が何かという知識以外に何が必要なのかはあきらかではない。

「言文一致小説の嚆矢」という名詞句がどういう意味かを知るには、「言文一致小説」や「嚆矢」という言葉の意味を知る必要があるが、その名詞句が誰をさしているかを知る必要はない。その名詞句の意味を理解しつつ坪内逍遥をもって言文一致小説の嚆矢とするのは、事実上のまちがいを犯していることにはなるが、意味論上のまちがいを犯していることにはならない。「言文」、「一致」、「小説」、「嚆矢」といった概念を持っていなければ「言文一致小説の嚆矢」という名詞句の意味はわからず、「言文一致小説の嚆矢」という名詞句の意味はそれらの概念から構成されているといってもいいのに対して、「二葉亭四迷」といった固有名については、その意味がわかるために持っていなければならず、かつその意味を構成しているといえるような、そういう概念はない。一般に、固有名はこの点で他の名詞と決定的にちがう。他の名詞とちがって、記述的な意味を持たないのである。

「言文一致小説の嚆矢」という名詞句は二葉亭四迷をさすが、それは、「言文一致小説の嚆矢」がある特定の記述内容を持ち、その記述が二葉亭四迷に当てはまるからにほかならない。それとは対照的に、「二葉亭四迷」という固有名は、特定の記述内容を介して二葉亭四迷をさしているのではない。「くたばってしまうべき人物」という記述内容を持っているのではない。「くたばってしめえ！」という罵倒の言葉と似かよった発音だという理由で作られた固有名だからといって、そういう記述内容を意味として持つということにはならない。桜の花のような人に育ってほしいという思いでつけられたからといって、「サクラコ」という固有名が「桜の花のような人」という記述内容を意味として持つわけではないのと同じだ。桜の花のようではないという理由で、「サクラコ」がその人の名前ではないといい張るのは理不尽である。神聖でもローマ的でも帝国でもなかった「神聖ローマ帝国」という有名な例もある。固有名の意味は、記述内容としてあたえられているわけではない。

わたしたちは固有名に色々な記述内容を連想しがちである。たとえば、「菅原道真」という固有名には「大宰府に左遷された右大臣」とか「学問の神様」などの記述内容を、また「オーストラリア」という固有名には「カンガルーの故郷」とか「ザッハトルテがおいしい国」などの記述内容を連想しがちだが、そのような記述内容がこれらの固有名詞の意味ではないということはあきらかである。右大臣でなかったとか、大宰府に左遷されなかったとしても、菅原道真が菅原道真でなくなるわけではないし、菅原道真は人間であって神様ではないので、「学問の神様」は文字通りの意味では彼に当てはまらない。「オーストラリア」についても、カンガルーの故郷だというのは、生物地理学的にたまたまそうなっただけで、そうでなかったらオーストラリアではなくなっていたわけではない。そして、もちろん、ザッハトルテがおいしいのはオーストラリアではなく、オーストリアである。

では、固有名の意味は何なのか。固有名には意味がない、というかなりラディカルな選択肢を選ばないかぎり、固有名の意味としてみなすべきなのは指示対象だろう。「オーストラリア」という固有名の意味はオーストラリアであり、「菅原道真」という固有名の意味は菅原道真であり、「二葉亭四迷」という固有名の意味は二葉亭四迷である、というべきだろう。とすれば、オーストラリアを知っていれば「オーストラリア」の意味を知っており、菅原道真を知っていれば「菅原道真」の意味を知っており、二葉亭四迷を知っていれば「二葉亭四迷」の意味を知っている、ということになる。二葉亭四迷は長谷川辰之助にほかならないので、長谷川辰之助を知っていれば「二葉亭四迷」の意味を知っているということになる。もちろん、「二葉亭四迷」という名前を聞いたことがなければ、「二葉亭四迷とは誰ですか」という質問に答えることはできないだろうが、その質問の答えを知らないわけではない。自分がその質問の答えを知っている、ということを知らないだけである。これを理解すれば、(14)にかんするパズルが解ける。

「二葉亭四迷は長谷川辰之助だ」という文(14)は、二葉亭四迷と長谷川辰之助についての文であり、その意味は、前者は後者だということなので、前者が後者だということが理解できる人なら誰でも(14)の意味を理解していることになり、前者が後者だと知っている人なら誰でも(14)が述べていることにかんして、それが真だと知っているということになる。前者は二葉亭四迷であり、二葉亭四迷は長谷川辰之助なので、前者は長谷川辰之助である。と同時に、後者は長谷川辰之助であり、長谷川辰之助は二葉亭四迷なので、後者は二葉亭四迷である。よって、前者が後者だということは、二葉亭四迷は二葉亭四迷であるということ、すなわち、長谷川辰之助は長谷川辰之助であるということである。(14)の意味を知っている人は二葉亭四迷を知っている。二葉亭四迷を知っている人は、(14)が述べていることについて、それが真だということを知っている。ゆえに、(14)の意味を知っている人は、二葉亭四迷は二葉亭四迷だということを知っている。というわけで、先の議論が再確立されたことになりそうである。

だが、先の反論もまた再確立されうるのではないだろうか。二葉亭四迷が長谷川辰之助だということと、二葉亭四迷が二葉亭四迷だということと、長谷川辰之助が長谷川辰之助だということと、長谷川辰之助が二葉亭四迷だということがすべて同一のことだとすれば、クラーク・ケントがスーパーマンだということと、クラーク・ケントがクラーク・ケントだということも同一のことであるはずだが、そうすると、ロイス・レインの認識状態が説明不可能になるのではないか。彼女はクラーク・ケントがクラーク・ケントだということは知っており、かつクラーク・ケントがスーパーマンだということは知らないはずだが、これが不可能になる。クラーク・ケントがクラーク・ケントだと知っているという状態がすでに、クラーク・ケントがスーパーマンだと知っているという状態なので、前者の状態にありつつ後者の状態にないということは不可能だからだ。

「a＝b」の形をした真である文が分析的ならば、「＝」の意味に加えて「a」と「b」の意味がわかれば「a＝b」が真だとわかるのだが、「a」と「b」の意味がわかるということがどういうことなのか明確でない、ということがここまでの検討をややこしくしている。固有名の意味を知るということは、一見何の問題もなく定式化できるように思われる。「クラーク・ケント」という固有名の意味を知るということは、「クラーク・ケント」という固有名がクラーク・ケントをさすことを知るということだ、といえばいいように思われる。しかし、クラーク・ケントはスーパーマンだというまぎれもない事実があるので、「クラーク・ケント」という固有名がクラーク・ケントをさすことは、「クラーク・ケント」という固有名がスーパーマンをさすことにほかならない。よって、「クラーク・ケント」という固有名がクラーク・ケントをさすことを知るということは、「クラーク・ケント」という固有名がスーパーマンをさすことを知るということにほかならない。だが、ロイス・レインは、「クラーク・ケント」という固有名がクラーク・ケントをさすことを知ってはいるが、スーパーマンをさすということは知らない。「a＝b」の形の文が分析的だという主張を放棄すればいいのだが、それだけでは寂しい。その主張を放棄しつつも、その主張を擁護する役割を担った先の議論のもともとの動機の核心を維持することはできないものだろうか。ある程度できるかもしれない。

5　必然と不可能

だが、そうするには、さらなる区別がいる。ここまでは論理的真理と分析性を区別してきたが、ここで、この両者のどちらともちがう第三の概念を導入しよう。それは、「必然的真理」という概念である。論理定項にもとづいて定義される論理構造によって真だと保証される文が論理的真理で、それ自身の意味によって真だと保証される文が分析的な文だとすれば、言語の外のリアリティーのあり方がどうであれ真である文が必然的真理とされる。特定の文法構造や意味などの言語的性質を保ったうえで、現実世界のみならず非現実可能世界にかんしても真であるような文が、必然的に真な文なのである（「非現実可能世界」については、第3章8節、第4章3節、第5章1節、第8章2節を参照）。言語的性質が保持されているということは、論理構造や意味も変わらないということなので、論理的に真な文と分析的な文はともに必然的に真でもある（「指標」とか「インデックス」と呼ばれる意味論的要素を持ち込むと、このとおりではないが、本書では無視する)。

しかし、その逆は成立しない。すべての必然的真理が論理的真理または分析的だというわけではない。たとえば、鳥類とか爬虫類とかいう生物学上の分類は生物種にとって本質的だ、という主張は真に受ける価値があるが、もしその主張が正しければ、クジラにとって哺乳類だということは本質的だ、つまり、クジラは哺乳類以外の何物でもありえない。すなわち、「クジラは哺乳類だ」は必然的に真な文だということになる。この文が論理的真理ではないということは、同じ論理構造の「モモンガは鳥類だ」が偽だということからあきらかである。また、分析的でもないということは、この文の意味を理解していた多くの人々がこの文を偽だと思っていた(「クジラは魚類だ」が真だと思っていた)ということからあきらかである。

もう一つ例をあげれば、「イナズマは放電現象だ」である。「ナマズは菜食主義者だ」は同じ論理構造だが偽であり、「イナズマは放電現象だ」の意味がわかったからといって即その文が真だとわかるわけではない(わかったとすれば、イナズマが放電現象だということを経験的に示そうとしたベンジャミン・フランクリンの凧による実験は的はずれだということになっていただろう)。

別の種類の例をあげよう。わたしがいま着ているシャツは、100%木綿である、すなわち、100%アクリルではない(100%アクリルだ、というのではない)。では、このシャツが100%アクリルだ、ということはありえないこと、不可能なことだろうか。このシャツを「S」と名づければ、「Sは100%アクリルなのではない」という文は必然的真理だろうか。もし100%アクリルの生地を使って、このシャツと同じデザインで同じサイズのシャツを作り、それをわたしが、このシャツのかわりに購入して、いま着ていたとしたら、それは、Sが100%アクリルだったという状況になるのだろうか。いや、ならないだろう。Sはじっさいに100%木綿のシャツなので、そのシャツが100%アクリルでできているという状況は不可能だろう。Sはじっさいは赤いが、別の色だった、ということは可能だ。染色段階で別の染料にさらされたという状況は可能だからである。じっさいには左側にあるポケットが右側につけられていた、ということも可能だ。縫い子さんがまちがった側にポケットを縫いつけたとか、そもそもデザイナーが右側にポケットをつけるデザインをしたという状況は可能だからである。しかし、じっさいに木綿100%のシャツがアクリル100%だったという状況は可能ではなかろう。色やポケットの位置は個々のシャツにとって本質的ではないが、生地の種類は本質的だろう。Sにとって木綿でできているということは本質的な性質であって、100%アクリルでできているシャツは、いくらSに似ていたとしても、マクロ的に完全に分別不可能だったとしても、Sではないのである。

よく考えれば、クジラやイナズマの例についても同じようなことがいえる。哺乳類性を本質的性質として持つのは個々のクジラであり、放電現象という性質を本質的性質として持つのは個々のイナズマである。「クジラ」という概念から「哺乳類」という概念を即導き出すことはできない。クジラ性と哺乳類性のあいだの親密な関係は、概念関係ではなく、クジラ性を持つ個々の動物が、哺乳類性を本質的に持つという生物学的事実に裏づけられた関係なのである。イナズマの場合も同様に、「イナズマ」という概念と「放電現象」という概念のあいだに含意関係があるわけではなく、個々のイナズマが、放電現象という性質を本質的に持つという物理学的(気象学的？)事実に裏づけられた関係なのである。

これを二葉亭四迷の例に適用すれば、(12)と(14)の重要な共通点が浮かびあがるかもしれない。二葉亭四迷は、ある特定の一人の人物である。長谷川辰之助も、ある特定の一人の人物である。かつ、二葉亭四迷と長谷川辰之助は、ある特定の一人の人物である。ここで大事なのは「一人の」という部分である。二葉亭四迷と坪内雄蔵は、ある特定の一人の人物ではない。ある特定の二人の人物である。二葉亭四迷と坪内雄蔵について語っているときとは対照的に、二葉亭四迷と長谷川辰之助について語っているとき、わたしたちはただ一人の人物について語っている。その一人の人物が二葉亭四迷であり、長谷川辰之助である。彼が二葉亭四迷だという事実と、彼が長谷川辰之助だという事実はまったく同じ事実である。一人の人物が話題になっているのだから、あたりまえである。

そして、その人物がその人物と同一人物だということは必然的でなくて何であろう。その人物がその人物と同一でなかったら、その人物ではなくなる。よって、その人物であるためには、その人物と同一でなければならない。ゆえに、その人物との同一性は、その人物の本質的性質である。その人物、すなわち二葉亭四迷は、長谷川辰之助にほかならないので、長谷川辰之助との同一性は二葉亭四迷の本質的性質である。つまり、(14)「二葉亭四迷は長谷川辰之助だ」は必然的に真なのである。

(14)は「二葉亭四迷」という固有名と「長谷川辰之助」という固有名を使った文だが、固有名について何かをいっている文ではない。「「二葉亭四迷」は「長谷川辰之助」と同じ人物をさす」という文と混同してはいけない。言葉についてではなく、人物について直接、その人物はその人物と同一だといっている文は、偽でありようがない。特定の個体がそれ自身と同一だということほど基本的な真実はない。この意味で、同一性はリアリティーの根底をなす概念であり、xとyが同一ならば、xとyが同一でないということは、非常に強い意味で、ありえない。

「ロイス・レインはクラーク・ケントがスーパーマンではないと信じているので、クラーク・ケントがスーパーマンと同一ではないということは可能なはずだ」と思う人は、信じるという心的作用を大きく誤解している。信じられうることは可能なことだ、という誤解である。これこれだと信じることができるからといって、これこれが可能だということにはならない。円周率が有理数だと信じている人は(残念ながら)多数いる。だからといって、円周率が有理数だということが可能なわけではない。人間によって信じられうることはすべて可能なことだと思うのは、まったく根拠のない形而上学的人間至上主義である。わたしたちの心的能力に、そのような突拍子もなく強い力があるはずがない。リアリティーで何が可能で何が不可能かは、わたしたちの心的能力とは独立に決まっている(わたしたちの心的能力についての可能性・不可能性はもちろん除いての話だ)。

「a＝b」の形の真理は、論理的真理ではないが、必然的真理である。論理が保証する真理ではなく、リアリティーの本質が保証する真理である。それは同時に「a＝a」の形の文の真理を保証するリアリティーの本質でもある。いかなる文によって表現されようが、表現された内容はリアリティーによって保証される必然なのである。

第 3 章

演繹論理

1 「たぶん」と「絶対」

論理には「帰納論理」と「演繹論理」の二種類がある、ということは第1章の終わりでみた。両者のちがいは、仮定と結論のあいだの論理関係の緊密さだといっていい。帰納論理では、最良の推論においてさえ仮定が真でも結論が真だとは必ずしもいえないのに対して、演繹論理では、真の仮定から偽の結論が導かれうるような推論は妥当だとはされない。仮定が真で結論が偽ということは「たぶんないだろう」というのが帰納論理におけるいい推論であり、仮定が真で結論が偽ということは「絶対ありえない」というのが演繹論理におけるいい推論である。

第1章の饅頭の例で、もしk＝2だったら、すなわち、「饅頭1に黒あんがはいっている」と「饅頭2に黒あんがはいっている」から「すべての饅頭に黒あんがはいっている」を導き出したならば、それは帰納論理の推論として説得力のあるいい推論だろうか。

「いい推論ではない」という人は、たぶん「すべての饅頭」を「世界中の饅頭一つ残らず」という意味に解釈したうえでそういっているのだろう。その解釈に沿えば、たしかにこの推論はかなりひどい推論である。だが、それ以外の解釈が可能である。いや可能なばかりか、多くの状況では「世界中の饅頭一つ残らず」よりあきらかに好ましい解釈が複数あるのがふつうだ。たとえば、道に迷った隣家の飼い犬をみつけたお礼にもらった菓子折りの中身が八個の饅頭で、その二つを割ったら黒あんがはいっていた、という状況でこの推論がなされたとすれば、その結論としての「すべての饅頭に黒あんがはいっている」は「世界中の饅頭に一つ残らず黒あんがはいっている」と解釈してはならない。「残りの六個をふくめた、この菓子折りの八個の饅頭すべてに黒あんがはいっている」と解釈すべきだろう。そう解釈すれば、この推論はいい推論であるように思われる。

だが、「ちょっと待った。それは性急だ」といいたい人がいるかもしれない。菓子折りの八個の饅頭のうち、右列の四個はエンジ色で左列の四個はベージュ色であり、割った二つは右列の二つであるならば、「八個の饅頭すべてに黒あんがはいっている」という結論は即座に受け入れることはできないのではないか。左列の饅頭を一つ割れば、黒あんではなく白あんがはいっているかもしれない。饅頭の皮の色のちがいが饅頭の中身のちがいを反映している、という可能性を排除する必要があるのではないか。特に、菓子折りの饅頭というものは一般的に、皮の色やデザインと中身がコーディネートされているものであるという事実を考慮すると、この推論はあやういといわざるをえなくなる。

この例からわかるのは、帰納論理における推論がいい推論であるためには、仮定から結論へ到達するのを良しとする何らかの背景の事実がなければならないということである。そして、そのような背景の事実は、何らかの規則性の事実でなければならない。この例では、菓子の種類と菓子の中身の関連、特定の種類の菓子の外見と中身の関連などの規則性であり、ほかの例では別のタイプの規則性でありうるが、とにかく何らかの規則性は欠かせない。

わたしたちが五感をたよりにこの世界と向き合いこの世界のなかで行動するためには、この世界は多くの規則性にしたがって動いているという前提がいる。そのような前提なしには歩行もままならない。つぎの一歩を踏みだしたとたん床がゼリー状になるということはない、すなわち、床の硬さはいままでと同じであり続ける、という規則性を、わたしたちは暗黙のうちに前提しているのである。

わたしたちが経験によって得る証拠から一定の結論を導き出すのに有用な帰納論理は、日常生活の思考や行動において大きな役割を果たしていると同時に、自然科学や社会科学などの経験的学問に不可欠なものである。日常生活でほぼ無意識に使われている帰納論理を、意識的かつ体系的に洗練したかたちで駆使することによって世界についての知識を得ようとするのが経験的学問だといってていいだろう。

いっぽう、経験から導き出されたり抽出されたもろもろの情報や、経験そのものを可能にする何らかの前提のあいだの含意関係をあきらかにする演繹論理は、日常生活や経験的学問において無視できないのみならず、純粋数学や哲学的分析など非経験的学問の方法の本質をなす。

演繹論理なしに帰納論理は使えず、帰納論理そのものも演繹論理を擁している。いかなる意味でも論理的に思考するためには最低限、演繹論理を使う必要がある。そういう意味で、演繹論理はもっとも基本的な種類の論理だといえる。よって、論理を語るには演繹論理からはじめるのが自然なのだ。これが、本書で演繹論理に焦点を合わせる理由である。

では、演繹論理における推論とはどのような推論なのか。ふたたび菓子折りの饅頭を例に使おう。その饅頭について、こういったとする。「この菓子折りには饅頭がはいっており、そのうち少なくとも二個には黒あんがはいっている。ゆえに、この菓子折りには饅頭がはいっている」。この推論は、論理的に非の打ちどころがない。じっさいにこういう推論をしたならば、まわりの人から変な目でみられるだろうが、それは論理的欠陥によるものではない。それどころか、論理的欠陥がないという事実があまりにもあきらかだということによるだろう。つまり、あきらかすぎて誰もする必要を感じないような推論なので、あえてそれをすると変な目でみられるのである。

この推論が論理的に非の打ちどころがないのは、もし仮定が真ならば、結論は絶対に真でなければならないからである。仮定が真で結論が偽であるような状況は不可能なのだ。単に「たぶん起きそうにない」ではなく、「絶対に起きえない」のである。帰納論理の例とちがって、この場合、その菓子折りや八個の饅頭または饅頭の中身などについて仮定で述べられていること以外の前提は必要ない。菓子折り一般について、または饅頭一般についての前提もいらない。

さらにいえば、この推論が菓子折りと饅頭と黒あんに言及しているということさえ本質的ではない。この推論の論理性——妥当性——は「この料理は和食であり、アンコウ鍋が出る。ゆえに、この料理は和食である」という、まったく別の話題についての推論の妥当性と同一である。この二つの推論は、重要な意味でじつは一つの推論なのである。その推論の論理性は内容でなく形に依存しており、二つの推論は同じ形をしているという意味で一つの推論なのである。その形が、論理定項以外を抽出し去った「pかつq。ゆえに、p」という形だということはいうまでもない。

2　推論いろいろ

この形が妥当な推論の唯一の形ではないということは、先にみた「pならばq」と「p」から「q」を導き出す推論も妥当な推論の形だということからあきらかである。この二つの推論形をふくめて、よく使われる妥当な推論形と、その形の推論の具体例をあげてみよう。「除去」と呼ばれる推論形六つと、「ディレンマ」と呼ばれる推論形一つである。

pかつq。ゆえに、p。（連言《れんげん》除去）
わたしは自由論者であり、かつ哺乳類である。ゆえに、わたしは自由論者である。

pかつq。ゆえに、q。（連言除去）
わたしは自由論者であり、かつ哺乳類である。ゆえに、わたしは哺乳類である。

pならばq。p。ゆえに、q。（仮言《かげん》除去――前件肯定）
あなたが前進すればわたしの足を踏む。あなたは前進する。ゆえに、あなたはわたしの足を踏む。

ｐならばｑ。ｑではない。ゆえに、ｐではない。（仮言除去——後件否定）
あなたが前進すればわたしの足を踏む。あなたはわたしの足を踏まない。ゆえに、あなたは前進しない。

ｐまたはｑ。ｑではない。ゆえに、ｐ。（選言《せんげん》除去）
あなたはランチを食べるか、またはディナーを食べる。あなたはディナーを食べない。ゆえに、あなたはランチを食べる。

ｐまたはｑ。ｐではない。ゆえに、ｑ。（選言除去）
あなたはランチを食べるか、またはディナーを食べる。あなたはランチを食べない。ゆえに、あなたはディナーを食べる。

ｐまたはｑ。ｐならばｒ。ｑならばｓ。ゆえに、ｒまたはｓ。（ディレンマ）
わたしは爬虫類か、または火星人である。わたしが爬虫類なら、哲学する爬虫類がいる。わたしが火星人なら、哲学する火星人がいる。ゆえに、哲学する爬虫類がいるか、または哲学する火星人がいる。

ここで重要なのは、推論が妥当だからといって、その推論の結論が真であるとはかぎらないということだ。わたしが自由論者であろうがなかろうが、哺乳類であろうがなかろうが、あなたに足を踏まれようが踏まれまいが、また、あなたが前進しようがしまいが、ランチやディナーを食べようが食べまいが、さらに哲学する爬虫類や哲学する火星人がいようがいまいが、右の推論はすべて妥当である。同様に、推論の妥当性は、仮定が真だとか偽だとかを決めるわけでもない。そもそも論理的妥当性は、推論の内容ではなく形に依存するので、結論の内容や個々の仮定の内容が真か偽かに関係なく存在しうる(ただ一つの例外は、4節でみるように、仮定がすべて真で結論が偽の場合である)。

推論が妥当かどうかを決めるのは推論の形だということは、その形を構成する言葉――論理定項――が論理の中核を成すということなのだ、ということを思い出そう。実質的内容のある文を「p」や「q」といった文字で置き換えても残っている「かつ」、「ならば」、「ない」、「または」などの論理定項が、推論の形を構成する重要な論理要素だということを忘れてはならない。論理学とはこのような言葉が推論において果たす役割を研究する学問だ、ということを肝に銘じておこう。

3　因果関係ではない

そのような論理定項の推論における役割を、詳しく考察することにしよう。まず仮言除去を例にとる。前件肯定ヴァージョンによると、「(もし)…ならば…である」という形の文である仮言文(条件文)とその前件(「ならば」より前の部分)から、後件(「ならば」より後の部分)が導き出せる。あなたとわたしがダンスをしている状況を記述して、「もしあなたが前進すればわたしの足を踏む。あなたは前進する。ゆえに、あなたはわたしの足を踏む」といったとしよう。これは一見したところ因果関係についての推論のようにみえる。あなたが前進するということがわたしの足が踏まれるということの原因になる、と述べている推論のようにみえる。だが、じつはそうではないのである。菓子折りの饅頭の例を借りて、それをあきらかにしよう。

饅頭の中に黒あんがみえるならば、饅頭に黒あんがはいっている。饅頭の中に黒あんがみえる。
ゆえに、饅頭に黒あんがはいっている。

この推論はダンスについての推論と同形である。にもかかわらず、仮言文(第一仮定)は因果関係を表現してはいない。前件が述べていることと後件が述べていることについて、前者が原因となって後者が起きるといっているのではない。饅頭の中に黒あんがみえるということが、饅頭の中の黒あんの存在を引き起こしている、といっているのではないのだ。もしそういっていたならば、この第一仮定は受け入れがたくなってしまう。

もちろん、この例は仮言除去が因果関係とは何のかかわりもないということを示しているわけではない。なぜならば、前件から後件へと向かう因果関係はないかもしれないが、後件から前件へと向かう因果関係はあるからだ。黒あんがはいっているという状況が、黒あんがみえるというできごとを引き起こすので、この推論は結果から原因を導き出す推論だと主張することは可能である。仮言除去と因果関係を切り離すには、前件と後件のあいだにいかなる因果関係もないような例が必要である。そのような例があるだろうか。

じつは、あるのである。

饅頭の数が8ならば、饅頭の数は偶数である。饅頭の数は8である。ゆえに、饅頭の数は偶数である。

この推論の前件「饅頭の数は8である」と後件「饅頭の数は偶数である」のあいだには何の因果関係もない。前者は後者の原因ではない。「xは8である」から「xは偶数である」が帰結するが、それは、xが8であるということが原因となってxが偶数であるということを引き起こしているからではない。そうではなく、xが8であるということとxが偶数であるということに数学的なつながり、すなわち、8であるということは2で割り切れるということであり、2で割り切れるということは偶数であるということだ、というつながりがあるからである。後件が前件の原因になっているわけでないのは、よりあきらかだろう。ここでの前件と後件の関係は因果関係などではまったくなく、自然数論的関係なのである。

さらに、論理関係そのものを使った例もある。

pかつq、ならばp。pかつq。ゆえに、p。

仮言除去のなかに連言除去を織り込んだこの例は、「p」と「q」の内容にかかわりなく因果関係とは無縁である。前件と後件は、連言とその前半分(第一連言肢)という関係にあり、これは因果関係とはほど遠い論理文法関係にほかならない。

「( )ならば( )」は仮言除去のすべての例において一律の解釈がなされる必要がある。そうでなければ、仮言除去を擁する論理学の体系的一般性がそこなわれるからだ。どの学問でも体系的一般性は大事だが、人間が考えうるすべてのトピックに適用されるべき論理学にとって、それは特に重要な基盤をなす本質といえる。仮言除去における「( )ならば( )」のみならず、「かつ」、「ない」、「または」、そのほか推論の形を構成する重要な論理要素であるすべての論理定項は、それぞれ一律の解釈を要求する。さらに、それらの解釈はすべて同じ種類の一律の解釈でなくてはならない。そうでなければ、そういう様々な論理定項を統一的に網羅する体系的一般性が確立されたことにはならないからだ。では、それはいかにして成し遂げられるのだろうか。ここで「真理関数」という概念が出てくることになる。

真理関数は一種の関数だが、そもそも関数とは何なのか。関数のなかでもっともなじみ深いのは、たぶん足し算だろう。「1＋2＝3」という式は(1、2)という数のペアを3という数にあてがっていると解釈でき、「11＋8＝19」は(11、8)というペアを19にあてがっていると解釈できる。これらの「あてがい」を「マッピング」と呼べば、足し算は特定のマッピングの集まりとして理解できるのである。異なる関数は、異なるマッピングの集まりとして理解される。たとえば掛け算は、(1、2)から2へのマッピングや(11、8)から88へのマッピングなどの集まりとして理解されるのである。真理関数は数のマッピングの集まりではないが、何らかのマッピングの集まりであることに変わりはない。どのようなマッピングの集まりなのかを、次節からみることにしよう。

4 「かつ」

妥当性を保証する推論形の枠組みである論理定項一般の体系的な解釈をみるにあたって、もっとも簡単でわかりやすい推論形の一つである連言除去を考察しよう。

pかつq。ゆえに、p。
わたしは自由論者であり、かつ哺乳類である。ゆえに、わたしは自由論者である。

「わたしは自由論者である」と「わたしは哺乳類である」が両方とも真だとすれば、「わたしは自由論者である」は真である。必然的にそうだ。一般的にいえば、「pかつq」が真であり「p」が真でない、ということはありえない。それが連言辞「かつ」の意味するところなのであり、連言の本質である。この本質を表にしてみよう。まず、「p」自体は真か偽かどちらかであり、「q」自体も同様なので、「p」と「q」を合わせれば四つの可能性があり、そのほかの可能性はない。「真である」を「T」と書き、「偽である」を「F」と書くと、次頁の右表の四つ(1〜4)である。「p」と「q」がともに真ならば「pかつq」は真なので、1では「pかつq」はTである。そ

	p	q
1	T	T
2	T	F
3	F	T
4	F	F

	p	q	pかつq
1	T	T	T
2	T	F	F
3	F	T	F
4	F	F	F

	p	q	pだがq
1	T	T	T
2	T	F	F
3	F	T	F
4	F	F	F

のいっぽう、「p」と「q」のどちらか、または両方が偽ならば「pかつq」は偽なので、2〜4では「pかつq」はFである。すなわち、中央のように表が完成される。

「真理表」と呼ばれるこの表によると、連言の本質は、二つの連言肢（「p」と「q」）がともに真ならば真であり、どちらかの連言肢が偽ならば偽だ、ということである。連言の真偽は連言肢の真偽によって完全に決まる、という意味で、連言文があらわすのは「真理関数」であるという。連言の真理関数を示すこの真理表は、「かつ」以外の言葉にも当てはまる。たとえば、「だが」にも当てはまる（左表）。

「カリコは理路整然としすぎる、だが火星人ではない」が真であるためには、「カリコは理路整然としすぎる」と「カリコは火星人ではない」の両方が真である必要がある。これに疑いの余地はない。では、その二つの連言肢が真であることは、この連言が真であるのに十分だろうか。十分ではない、といいたい読者がいるにちがいない。二つの連言肢のあいだに緊張関係が感じられなければならない、といいたい読者である。誰それは理路整然としすぎると聞けば、その人は火星人ではないかと疑いたくなる、すなわち、火星人ではあるまいという確信がゆらぐ、というふくみを真理表は無視しているといいたいのである。

そういう読者は言葉の意味に敏感だが、敏感すぎて論理がみえなくなっている人だ。たしかに、「だが」は「かつ」と同じ意味ではない。しかし、だからといって論理的なちがいがあるということにはならない。論理は真偽をあつかうのであって、心理はあつかわない。カリコが理路整然としすぎると聞いて、あなたがいかなる期待を持とうが、どう信念や感情が変わろうが、それを論理は問題にしない。

「カリコはミカンの皮を食べる、だが和歌山県人ではない」は、カリコがミカンの皮を食べ、かつ和歌山県人でないならば真である。そして、じっさいにカリコはミカンの皮を食べる非和歌山県人だとしよう。だがそうだとしても、「カリコはミカンの皮を食べる、だが和歌山県人ではない」と発言するのは、受け入れがたいことであるかもしれない。ミカンの皮を食べるということは和歌山県人であることを期待させるのだ、という意味合いの「だが」を使うことによって、愛媛県人はミカンの皮を食べないというふくみを持つとして、栄養価の高いミカンの皮を愛する愛媛県人から抗議が起きるかもしれない。

発言が真だからといって受け入れられるとか、偽だからといって受け入れがたいということにはならない。会話の流れによって、真でも口にすべきでなかったり、偽でも口にしてよかったりする文はある。ふつうの会話で偽な発言ばかりする人はやがて話し相手がいなくなるだろうが、それは会話において唯一大事なのは真偽の問題だからなのではない。真偽の問題が大事なのはあたりまえだが、それ以外に大事なことはないなどと思う人はいないだろう。言葉によるやりとりについて語るにあたって論理を知っていることは不可欠だが、論理を過大評価してはいけない。タンパク質なしでは人体の機能はそこなわれるが、タンパク質だけで人体が順調に機能するわけではない。言語行為を人体の機能とすれば、論理はタンパク質のようなものだ。

5　「または」

連言よりも少しだけ込み入った真理関数が選言である。「または」や「あるいは」などが選言で使われる代表的な言葉である。

この真理表で注意すべきなのは1である。2から4は問題ない。選言肢のどちらかが真で、他方が偽ならば選言は真であり、両方とも偽ならば選言は偽だ、ということはあきらかである。しかし1のマッピング（TのペアからTへのマッピング）はあきらかではない。選言肢が両方とも真ならば選言は真だ、というこのマッピングには反例があるように思われるからである。

	p	q	pまたはq
1	T	T	T
2	T	F	T
3	F	T	T
4	F	F	F

あなたが喉から手が出るほどほしい、どこにも売っていない本があるとしよう。たまたまその本を持っている知人が、それをあなたの目の前にかざして、「あなたが十万円払うか、または、わたしがこのまま立ち去るかだ」というとしよう。所有欲に負けて、たまたま持っていた十万円を知人に渡すと、知人はそのまま立ち去ろうとする。そうなった場合、あなたはどう反応するだろうか。知人を止めるにちがいない。そしてその本を要求するだろう。それは、もっともな反応である。では、なぜもっともなのか。それには論理的

な理由があるのだ。

知人の発言は、「あなたは十万円払う」と「わたしはこのまま立ち去る」を選言肢とする選言である。知人の発言を信じる(その選言が真であるとする)とき、その選言の第二選言肢を偽にしたいあなたは、第一選言肢を真にする。第一選言肢が真ならば、第二選言肢は偽でなければならないと考えるからだ。では、なぜそう考えるのか。それは、知人の選言発言を、上の真理表にしたがって理解しているからにほかならない。

	p	q	pまたはq
1	T	T	F
2	T	F	T
3	F	T	T
4	F	F	F

先の真理表とちがって、1での「pまたはq」の真理値はFである。知人は「または」をこのように理解しているだろう、とあなたが思うのはもっともである。お金がほしい知人は、あなたに十万円払わせようとして「あなたが十万円払うか、または、わたしがこのまま立ち去るかだ」といっているのだから、その発言は、本がほしいあなたに十万円払わさせる結果を生むだろうという知人の期待を反映していると思うのはもっともである。知人がそのまま立ち去れば、あなたはその本が手にはいらない。「q」が真であってほしくないあなたに向かって、「p」が真であってほしい知人は、「pまたはq」ということによって、あなたが「p」を真にする行動をとることをうながしているのである。知人のその発言は、「p」と「q」がともに真ならば「pまたはq」は偽である、という前提がなければ動機づけることはできない。

では、1で選言がTである、先の真理表は捨て去るべきなのか。いや、そうではない。その真理表が当てはまる「または」の使い方があるからだ。たとえば、こういう例である。

トランプのカードを引いて、それがハートのカード、または偶数のカードだったら賞品がもらえるとしよう。つまり、「引いたカードはハートのカードである、または、引いたカードは偶数のカードである」という選言が真ならば、賞品がもらえるというわけだ。さて、あなたがカードを引いたとする。そして、そのカードがハートの2だったとする。すなわち、選言肢が両方とも真だったとする。その場合、あなたは賞品をもらえるだろうか。もちろん、もらえる。選言が真だからだ。つまり、このような状況では、二つの選言肢がともに真でも選言は真だということなのである。

本の例とトランプの例が示しているのは、「または」という言葉は選言をいいあらわすのだが、二つの相容れない真理表に示される真理関数のどちらも意味することができる、ということである。つまり、「または」は多義的だというわけだ。論理のかなめをなす日常言語の言葉が多義的だというのはよくあることで、多義的でない言葉をみつけるほうがむずかしい、という人もいるくらいだ。論理学の言語には、日常言語とちがって論理的潔癖性が求められるので、多義語は許されない。二つの異なる真理関数に対応する二つの異なる選言文は、論理学の言語では別々の表記がなされねばならないのである。

6　「ではない」

連言と選言は、真理値のペアから一つの真理値へのマッピングだが、一つの真理値から一つの真理値へのマッピングもある。その代表的な例が否定である。否定は、真理値を逆転させる真理関数である（逆転させず、あたえられた真理値を自分自身へ、つまりTをTへ、FをFへマッピングする真理関数もあるが、それは自明な同一関数である）。

この真理表によると二重否定は肯定になるが、それに異を唱える人がいるだろう。二重否定は必ずしも肯定にはならない、と主張するのである。たとえば、「日本の大統領は左利きである」を「p」とすると、「pではない」は「日本の大統領は左利きではない」で、さらにその否定「pでないのではない」は「日本の大統領は左

	p	pではない
1	T	F
2	F	T

利きではない、のではない」であるが、この後者は、日本に大統領がいなければ真である（日本の大統領で左利きでない人がいる、のではない）が、「日本の大統領は左利きである」は、日本に大統領がいなければ偽である（左利きである日本の大統領はいない）。つまり、日本に大統領がいないという状況下では「p」の二重否定は真だが「p」は偽だ、と主張するのである。

しかし、この主張は混乱にもとづいている。「p」は「日本には大統領がいて、その大統領は左利きである」という意味なので、その否定は「「日本には大統領がいて、その大統領は左利きである」のではない」、すなわち、「日本には大統領がいないか、または、大統領がいて、その大統領が左利きでないか、どちらかである」だ。それをさらに否定すると、「日本に大統領がいないということはなく、かつその大統領が左利きでないということもない」、つまり、「日本には大統領がいて、その大統領は左利きである」となり、「p」に戻るのである。

もう一つ別の例をとってみよう。「p」を「キクオはハゲている」としよう。すると、その否定は「キクオはハゲていない」であり、さらにその否定は「キクオはハゲていないのではない」だが、

この後者は、キクオが完全なハゲでもなく毛髪ふさふさでもない中間に位置するならば真である、という主張がなされるかもしれない。この主張は、ハゲという概念が曖昧な概念だ、すなわち、あきらかにハゲの人とあきらかにハゲでない人のほかに、どちらともいえない人がいる、という前提にもとづいている。この曖昧性の前提のもとに、この主張が二重否定についてもっともなものかどうかを検討しよう。

「ハゲている」、「ハゲていない」、「どちらでもない」という三分類を仮定すれば、「p」は、キクオを第一類「ハゲている」に入れる。その否定「キクオはハゲていない」はキクオを第二類「ハゲていない」に入れるが、そのさらなる否定「キクオはハゲていない、というわけではない」は、キクオを第二類から出す、すなわち、第一類か第三類「どちらでもない」に入れる。だが、もともとの「p」は第三類に入れるという選択肢を許容しない。よって、「p」の二重否定は「p」と同値ではない。

この主張は説得的な主張だろうか。いや、そうではない。二重否定は肯定と同値ではない、とする議論としては成功していない。「キクオはハゲている」という文の否定は「キクオはハゲている、のではない」であり、この否定文のさらなる否定は「キクオはハゲている、のではない、のではない」、すなわち「キクオはハゲている」である。「のではない、のではない」は二重否定であり、この二重否定は自己キャンセルするのである。

「キクオはハゲている、のではない」は少々ペダンティックに聞こえるので、「キクオはハゲていない」としたい誘惑にかられる。だが、その誘惑に負けると、誤解が起きかねない。すなわち、

「キクオは、〈ハゲているという性質を持つのではなく〉ハゲていないという性質を持つ」という意味だと誤解しかねない。そうすると、これは「持つ」で終わる肯定文なので、その否定は「持たない」だと思ってしまうのだ。すると、「キクオはハゲている」という「p」の二重否定は「キクオはハゲていないという性質を持たない」となり、キクオが第三類に属するならば真となる文なのである。「p」が真であるためにはキクオは第一類に属する必要があるので、「p」の二重否定は「p」と同値ではないと誤解してしまうというわけである。

真理表の「ではない」は「p」にかかっている、すなわち、文にかかっているので、文の否定と理解すべきなのである。述語は「p」の内部構造をさらさないと得られないので、そのような内部構造をさらしていない真理表から、述語の否定を読みとることはできないのだ。

ここまでは、否定の真理表に反して二重否定は必ずしも肯定にはならないという反論をみたが、同じ真理表に対する別の批判をみよう。それは、否定そのものにかかわる批判というより、もっと根本的な批判であり、否定はそれを簡潔に表現することを可能にする役割を果たしているにすぎないような批判である。

その批判を論じるために、「日本の大統領は左利きである」という例文にもどろう。この文は「日本には大統領がいて、その大統領は左利きである」という意味だといったが、じつはそうではない、というのがこの批判のはじまりである。この批判によると、「日本の大統領は左利きである」という文は、日本には大統領がいるという内容はふくんでいない。そのかわり、日本には大統領がいるということを前提している。

内容としてふくむのと、前提することのちがいは何か。たとえば、「じいさんはポチを可愛がらなくなった」という文は、じいさんがポチを可愛がっていたと主張してはいない。にもかかわらず、じいさんがポチを可愛がっていたのでなければ真ではありえない。ある行為をやめるには、まずその行為をしていることが必要条件だからだ。つまり、その文は、じいさんがポチを可愛がっていたと述べてはいないが、前提はしているということである。その前提が成り立たなければ、その文は真でありえないのみならず、そもそもその文の真偽を問うこともできないというわけだ。

同様に、「日本の大統領は左利きである」という文は、日本には大統領がいるという前提のもとにのみ真偽を問えるのであって、その前提が成り立たなければ、つまり、日本に大統領がいなければ、真でも偽でもない。ということは、否定の真理表には1と2だけではなく、もう一つ3がいるということになる。

	p	pではない
1	T	F
2	F	T
3	N	N

この真理表で「N」は「真でも偽でもない」をあらわす。「p」が前提していることが成り立たない場合に「p」が持つ非典型的な真理値なのではなく、いかなる真理値も持たないという状況を示す記号である。3によると、真でも偽でもない文（厳密にいえば、文の真でも偽でもない発話）を否定しても、結果は同様に真でも偽でもないというわけである。

さて、この批判は説得的だろうか。説得的ではないという強い理由が一つある。じいさんは、最初からポチを可愛がることはまったくなかったとしよう。そういう状況下で誰かが、「じいさんはポチを可愛がらなくなった」といったとしよう。その発言は真か偽か、それともどちらでもないか。可愛がったことがなければ、可愛がらなくなることなどできない。よって、その発言は偽だといわねばならないだろう。これは、その文が、じいさんがポチを可愛がっていたことを前提しているかどうかという問題とは独立にそうである。前提していようがいまいが、可愛がったことがなければ可愛がらなくなることはできない、ということは否定不可能である。可愛がらなくなることができない状況下で「可愛がらなくなった」といったとすれば、その発言は偽の発言だということにならざるをえない。

ある文が特定の前提をしているということは、ふたとおりの解釈ができる。何かを主張するのにその文を使うためにはその前提が真でなければならない、というのが一つの解釈で、その文が真であるためにはその前提が真でなければならない、というのがもう一つの解釈である。

第一番目の解釈によると、前提が偽ならその文を発話しても何かを主張することにはならない。何も主張していないから、いっていることは真でも偽でもない。よって、じいさんがポチを可愛がったことがなかった状況下で「じいさんはポチを可愛がらなくなった」と発言しても、何の主張にもならないので、その発言は真でも偽でもないということになる。だが、これはおかしい。そう発言する人が、単に(たとえば発声練習として)日本語文を発音しているのではなく、何かを主張しているのだということはあきらかだろう。それだけでなく、その発言者が主張していることはじっさいに起きていることと噛み合わない、ということもあきらかだ。じっさいに起きていることと噛み合わないことを主張するということは、真でも偽でもないことをいうということではなく、偽のことをいうということである。

第二番目の解釈は、これをうまく説明できる。「真・偽・どちらでもない」という三択ではなく

「真・偽」という二択の枠組みを想定するこの解釈によると、なされている前提が偽なら、発言は真ではないので、偽である。

もちろん、「じいさんはポチを可愛がらなくなったのか」と聞かれて「可愛がらなくなったのではない」とだけ答えるのは不親切だし、まぎらわしい。会話のエチケットに反する。しかし、その答えは真である。真なことをいいさえすれば会話のエチケットを守ることになる、などと思う人はあるまい。真だが、まぎらわしかったり不親切だったりする発言はいくらでもある(「あなたはアンコウよりフグに似ているわけではない」)。文の真偽の問題は、その文を使うにあたっての適切さの問題と混同してはならない。前者は論理学の問題、後者は社会言語学の問題である。

こうして、文に前提があるかどうかという問題は、その文に「真」と「偽」に加えて「どちらでもない」という値を課するべきかどうかという問題とは切り離して論じるべきだ、ということがわかる。なので、前提を持つ文を引き合いに出しても、当初の真理表への反論にはならない。

これを目下の「p」に当てはめれば、「日本の大統領は左利きである」が「日本には大統領がいる」を前提していようがいまいが、日本に大統領がいなければ日本の大統領が左利きであるという状況はありえないので、「日本の大統領は左利きである」という発言は、偽の発言だということになる。そして、その否定「日本の大統領は左利きである、のではない」は、日本に大統領がいないならば日本の大統領が左利きだとか右利きだとかいうことはありえないので、ありえない状況についてそれはないといっているゆえに真である。

このように、最初にみた否定の真理表には、一見反論の余地があるようにみえるかもしれないが、よく考えると本当に説得的な反論はむずかしいのである。

すべての(平叙)文は真か偽かどちらかでなければならないという主張へのさらなる反論は、第7章2節で検討する機会がある。

7 「ならば」

「条件文」とも呼ばれる仮言の文は、論理では非常に重要な文型である。数ある真理表のなかでも、これは、論理学の初心者には一番奇妙にみえる真理表かもしれない(次頁)。「p」を前件、「q」を後件と呼ぶということを思い出そう。前件と後件がともに真である1で、仮言が真だというのはわかりやすい。前件が真で後件が偽である2で、仮言が偽だというのも問題ない。だが3と4は奇妙にみえるだろう。両者とも前件が偽で、仮言が真である。これは、どういうことなのか。例をとって考えてみよう。

前件「p」を「今夜パーティーをする」、後件「q」を「明日朝の面接(試験)に失敗する」としよう。仮言は、「今夜パーティーをするならば(すれば)、明日朝の面接に失敗する」となる。あなたがこの仮言を親にいわれ、その親の発言を論駁したいと思うという状況を想定しよう。そのような状況では、あなたはどうすべきだろうか。いかなる行動をとれば、親の「pならばq」という形の仮言発言を論駁できるだろうか。「p」と「q」がともに真だという1の場合、すなわち、今夜パーティーをして明日朝の面接に失敗するならば、親の仮言発言は真である。また、「p」が真で

「q」が偽という2の場合、すなわち、今夜パーティーをして、かつ明日朝の面接に失敗しなければ、親の発言は偽なので、論駁は成功する。ここまではいい。1と2は問題ない。

では3と4はどうだろう。論駁できているのか。「p」が偽ということは、今夜パーティーをしないということである。パーティーをせず、かつ面接に失敗もしなかったとする。4である。この場合、あなたは親の仮言発言を論駁したといえるだろうか。親は何というだろう。「まちがっていた。ごめん」とあやまるだろうか。わたしだったら、あやまらない。「パーティーをしたらどうなるかといっただけで、パーティーをしなかったらどうなるかについては何もいったおぼえはない。だから、面接に成功しようが失敗しようが(4だろうが3だろうが)、パーティーをしていないかぎり、わたしの発言を論駁したことにはならない」というだろう。

	p	q	pならばq
1	T	T	T
2	T	F	F
3	F	T	T
4	F	F	T

別の見方をしてみよう。もしこれが賭けだったらどうだろうか。親は「pならばq」と主張し、あなたはそれに反対する。あなたが勝ったら親から千円もらい、負けたら浴室とトイレの掃除をしなければならないとしよう。そういう賭けの状況下で、あなたはパーティーをしなかったとする。そして面接に失敗したとする。その場合、親は千円払う義務があるだろうか。「pならばqで、pでなければqでない」という賭けは、「pならばq」という賭けと同じだろうか。いや、同じとはいえまい。前者は、pという想定のもとではqであり、かつpでないという想定のもとではqでないという二段構えの賭けであるのに対し、後者は、pという想定のもとではqだ、というだけの一段構えの賭けだからである。一段構えなの

で、pという想定がくずれれば、賭けの必要条件が満たされないので、そもそも賭けが成り立たない。よって、親は千円払う義務はない(あなたもまた、浴室とトイレの掃除をしなくてもいい)。

前件が偽である仮言は偽であるとはいえない、ということである。だが、真であるともいえないのではないだろうか。親の発言が真だったとしたら、あなたは掃除をしなければならないが、あなたにその義務はない。ということは、親の仮言発言は真でも偽でもない、すなわち、3と4での「pならばq」は、TでもFでもなくNなのではないか。否定の検討で出てきたNがふたたび姿を現したわけだが、否定の場合よりも仮言においてのほうがその存在感は濃い。NではなくTだとする議論はあるのだろうか。ある。その議論のために別の例をとろう。賭けではなく約束の例である。

わたしが、「あなたがゴジラに襲われたら、わたしが(あなたを)まもってあげる」とあなたに約束したとする。そして、あなたに対してまったく無頓着でいたとする。そのような場合、わたしは約束を破ったことになるのだろうか。いや、ならない。約束を破るためには、あなたがゴジラに襲われるのを待たなければならない。そして、そうなったとき、あなたをまもるという行動をとりそこねなければならない。この二つの条件がそろわなければ、約束を破ったことにはならない。あなたはゴジラに襲われていないので、最初の条件が満たされていない。よって、約束は破られていない。破られていない約束はまもられている。すなわち、わたしの言葉は真である。「pならばq」という仮言が、「p」が偽だという理由で真になっているのである。

ゴジラがあなたを襲っていないのでわたしが約束をまもっているのと同じように、あなたがパーティーをしないので親の発言は真である。したがって、先のように賭けの例に沿って考えれば、偽の前件を持つ仮言はNとすべきだが、約束の例に沿って考えればTとすべきだ、ということになる。「または」と並んで「ならば」も多義語だ、とする立場が魅力的にみえてきた。じつは「ならば」の多義性は、これとは別の考察でも支持できるのだが、それについては次節でみることにしよう。

偽の前件を持つ仮言がNであるという立場を退けるのみならず、いかなる真理表の値もTかFのどちらかでなくてはならない、という一般的前提のうえに成立している論理を「二値論理」と呼び、それに対してNのような、TとF以外の値も認める論理を「多値論理」と呼ぶ。古典的正統派の論理は二値論理だが、本書では第7章2～3節で多値論理に焦点を合わせる機会がある。

8　真理関数でない「ならば」

二値論理のなかで、仮言についての前節の真理表が示す真理関数を「実質仮言」と呼ぶ（「実質条件文」と呼ぶこともある）。実質仮言は論理学でもっとも基本的な仮言とみなされているのだが、実質仮言ではない仮言も、二値論理の枠組み内で存在する。たとえば、因果関係を表現する仮言である。「今夜パーティーをすれば、その結果として明日朝の面接に失敗する」という仮言は、当初の例とまぎらわしいが、当初の例とちがって「その結果として」という文言が因果関係を示しており、前件と後件のあいだに因果関係がなければ偽となる。

だがここで、「当初の仮言も因果関係を表現する仮言だと解釈していた」といいたい読者がいるかもしれない。そういう読者は、真理表の1で仮言がTという真理値を持つことに異議をとなえるべきだった。そうしなかったということは、因果関係を表現する仮言とは解釈していなかったということである。なぜなら、因果関係を表現する仮言の真理値は、前件と後件の真理値のみでは決まらないからである。特に、前件と後件が真だからといって、因果関係を表現する仮言が真であるとはかぎらない。たとえば、パーティーをしたにもかかわらず面接の準備は万端に整っていた朝、悪天候の影響で遅刻し面接に失敗したとすれば、前件「p」と後件「q」はともに真だが、pがqを引き起こしたわけではない。pとqのあいだに因果関係はない。よって因果関係を表現する仮言として解釈された「pならばq」は偽である。そのような仮言文は、真理関数を表現してはいないのである。

真理関数を表現していない仮言は、ほかにもある。地理関係をいいあらわす仮言が、その一つである。たとえば、「(あなたが)面白山《おもしろやま》にいるならば、(あなたは)奥羽山脈にいる」は、(あなたが)面白山にいなくても真、つまり3と4で真だという点で実質仮言と一致するが、(あなたが)面白山にいてもいなくても、奥羽山脈にいてもいなくても真だという点で実質仮言とちがうし、因果関係の仮言の例ともちがう。真理表の1から4すべてでTなのである。ということは、これは偽になりえない文だということなのか。必然的に真な文だということなのか。そうではない。あなたの居場所にかかわらず真ではあるが、必然的に真ではない。面白山と奥羽山脈の位置関係によるからだ。地殻変動で面白山が大きく動いて奥羽山脈からはずれてしまえば、真ではなく偽になるし、あるいは奥羽山脈が面白山を残して消滅してしまえば、これまた偽になる。面白山は奥羽山脈に位置するという地理上の事実が、この仮言を真にしているのである。特定の人物がどこにいるかには関係ない。

「面白山は奥羽山脈にある」という、仮言でない真理を、あえて仮言の形で表現しているだけである。

　同じように、「面白山にいるならば、飛騨山脈にいる」は、前件が真だろうが偽だろうが、後件が真だろうが偽だろうが、偽である。面白山は飛騨山脈に位置しないという地理上の事実のみが、この仮言を偽にしている。「面白山は飛騨山脈にはない」という、仮言でない真理にすぎない。真理関数の論理は無用なのである。

　因果関係をいいあらわす仮言で、同様に真理関数論理が無用な仮言がある。先にみたパーティーと面接にかんする仮言のような、ある特定のできごとについての仮言ではなく、因果関係を一般的に述べる仮言がそれである。たとえば、「(あなたの)中枢神経系がマヒしていれば、(あなたは)社会的行為に支障をきたす」は、中枢神経系がマヒしているという状態と社会的行為に支障をきたすということのあいだの因果関係についての一般化であり、あなたがどうあろうと真である。この仮言の真理は、「中枢神経系がマヒしている人間は社会的行為に支障をきたす」という、仮言でない真の文を仮言の形にいい換えた結果にすぎない。

　実質仮言ではない仮言で、もう一つ別のタイプがある。「あなたがいまババロアを食べていたならば、レモンティーを飲んでいただろう」は、因果関係や地理関係、またはそのほかの一般化できる何らかの関係の存在にもとづいて真なのではない。ほかの誰でもなく、あなたの嗜好と目下の心理・生理状態にもとづいて真なのである(「わたしはババロアにレモンティーなど飲まない」という読者は、ほかの適切な食べ物と飲み物の例を念頭においてほしい)。いまババロアを食べていないという理由だけでこの仮言が真だということはできない。もしできたとしたら、「あなたがいまババロアを食べていたならば、甘酒を飲んでいただろう」も同じ理由で真でなければならないが、そんなことはないからである(「わたしはババロアに甘酒が大好きだ」という読者は、ほかの適切な飲み物を念頭においてほしい)。

では、この仮言を真にするのに必要かつ十分な条件は何だろうか。あなたは、いまババロアを食べているのではないし、レモンティーを飲んでいるわけでもない(甘酒もだ)。そうではなく、ザッハトルテを食べてブラックコーヒーを飲んでいるのである(としよう)。仮言の前件も後件も現実世界では偽である。ババロアを食べることとレモンティーを飲むことのあいだに、すべての人間に当てはまる一般的な規則性があるわけでもない。いまその場所のその状況下にいるあなたについて、ザッハトルテではなくババロアを食べていたとしたら、ブラックコーヒーではなくレモンティーを飲んでいただろう、といっているのである。これが真か偽かを決めるには、現実世界をみるだけでは不十分である。現実に近いが現実ではない非現実可能世界に目を向ける必要がある。

本書を読むためにはいったカフェで、たまたま目についたのがザッハトルテだったのだが、ババロアの前に立っていた客がじっさいより1メートル左に寄っていたら、ババロアに注意がいっていたかもしれない。そして、それを注文していたかもしれない。そうなっていた世界を考えよう。その世界は現実世界ではないが、可能な世界ではある。そして現実世界とかなり近い世界である。ここで「近い」というのは、ふつうに物理的距離が近いという意味ではもちろんない。物理的距離は物理空間内でのみ定義可能だが、二つの可能世界は、共通の物理空間内に存在するわけではない。

もしそうだとしたら、ザッハトルテを食べている現実世界のあなたと、ババロアを食べている非現実可能世界のあなたのあいだに何らかの物理的距離がふつうの意味であるはずだが、そんなものはない。非現実可能世界でババロアを食べているあなたが、現実世界と同じテーブルの同じ椅子に同じように腰かけているとすれば、両者は同じ場所にいるというべきだろう。その世界のあなたがあなたであるように、その世界でのあなたの居場所は現実世界でのあなたの居場所である。食べたり飲んだりしているものがちがうだけである。

現実世界ではいったカフェに現実世界でと同じようにはいって、ザッハトルテではなくババロアを注文するその可能世界では、現実世界と同じ嗜好を持つあなたの飲み物は何になるのだろう。その答えが「レモンティー」ならば当の仮言は真であり、そうでなければ偽だ、といえそうである。

ここで注意すべきなのは、問題の非現実可能世界は、前件が真だという点で現実世界と異なるが、それ以外の点では現実世界とほぼ同じでなければならないということである。これが「近い」ということなのである。たとえば、当のカフェに行くかわりにババロア専門店を営んでいる友人の店に行ってババロアを食べていたとすれば、レモンティーは飲んでいなかったかもしれない。その店のレモンティーはウーロン茶の味がするからだ。あるいは、現実世界と同じカフェに行ったとしても、レモンティーにアレルギーのある体質だったとしたら、レモンティーは飲んでいなかっただろう。アレルギーはなくて、友人の店ではなく当のカフェに行っているという可能世界を問題にしなければならない。

「pだった(とした)ならば、qだ(ということにな)っただろう」というこの種の仮言の文は「反事実(的)条件文」と呼ばれ、その一般的な真理条件は、「p」が真であり、かつ現実世界からいたずらに遠いのではない可能世界すべてで「q」が真である、と表現できそうである。

「いたずらに遠いのではない」というのは、「p」を真にするという点で現実世界から離脱するが、それにあたって必要でない修正はしないということである。あなたがいまババロアを食べている、という点で現実世界とちがうだけでなく、レモンティーにアレルギーがあるという点でも現実世界とちがうような世界は無視するということである。アレルギーのあるなしは、ババロアを注文して食べるかどうかとは無関係だからである(もし無関係でなかったならば、そのような可能世界は無視できないが、当の反事実条件文も偽となるだろう)。

また、「p」が真で、現実世界からいたずらに遠いのではない可能世界のうち少なくとも一つではなく、そのような世界のすべてで「q」が真である、というのはなぜか。「すべて」のかわりに「少なくとも一つ」といったら、何がいけないのだろうか。あなたがババロアを食べている可能世界で、現実世界からいたずらに遠くない世界は複数あるが、そのうちある世界であなたはレモンティーを飲み、別の世界ではコーヒーを飲んでいたとしよう。その場合「あなたがいまババロアを食べていたならば、レモンティーを飲んでいただろう」は真だろうか。そうではあるまい。真なのは「あなたがいまババロアを食べていたならば、レモンティーを飲んでいたかもしれない」である。ババロアを食べていたからといって、必ずしもレモンティーを飲んでいたとはかぎらない。飲んでいたかもしれない(ある可能世界では飲んでいる)し、飲んでいなかったかもしれない(別の世界では飲んでいない)。「飲んでいただろう」と「飲んでいたかもしれない」は同義ではない。

9 「すべての」

ある日、裏山に柴刈りに行ったとき小さな生き物をみつけたとしよう。そして、水掻きのある四足を持ち、取ってつけたような平たいクチバシがあるその動物について、「これがカモノハシならば、これは哺乳類だ」といったとしよう。この発言は真だが、それは前節でみたように、一般的な真理にもとづいている特定の仮言だからである。そしてその一般的真理とは、カモノハシ性と哺乳類性のあいだの関係を述べる「すべてのカモノハシは哺乳類である」という真理にほかならない。このように「すべての何々はこれこれである」という形の文を「全称文」という。

全称文は、対応する特定の仮言をすべて含意する。たとえば、「すべてのカモノハシは哺乳類である」は「これがカモノハシならば、これは哺乳類である」のみならず、「あなたがカモノハシならば、あなたは哺乳類である」や「わたしがカモノハシならば、わたしは哺乳類である」など、いかなるxについても「xがカモノハシならば、xは哺乳類である」を含意する。そしてxの数が有限ならば、個々のxについての仮言の連言が全称文を含意する。つまり、「これがカモノハシならばこれは哺乳類である、かつ、あなたがカモノハシならばあなたは哺乳類である、かつ、わたしがカモノハシならばわたしは哺乳類である、かつ、…」から「すべてのカモノハシは哺乳類である」が帰結する。よって、全称文は個々のxについての仮言の連言と同値だということになる。しかし、xの数が有限の場合そのような仮言の連言を書き終えることができるのに対し、xの数が無限ならば、個々のxについての仮言の連言も無限に長くなってしまうので、全称文と同値であるような、個々の仮言の連言を書き終えることは(わたしたち人間には)できない。

全称文と仮言の連言とのこの関係は、実質仮言が仮言のすべてではないという、すでにみた事実の確認に役立つ。ユニコーンは存在しないので、いかなるxについても「xはユニコーンである」は偽である。よって「xがユニコーンならば、xは爬虫類である」は前件が偽の仮言となるので、実質仮言と解釈した場合これは真な仮言となる。真な仮言の連言は(有限だろうが無限だろうが)真なので、それに同値の全称文も真である。しかし、これはおかしい。「すべてのユニコーンは爬虫類である」がその全称文だが、それは真ではないからだ。ということは、その全称文と同値な連言の連言肢である仮言は実質仮言ではない、ということになる。では、どういう種類の仮言なのだろうか。

「すべてのユニコーンは爬虫類である」という全称文が真でない、すなわち偽であるためには、あるユニコーンがいて、そのユニコーンが爬虫類ではないことが必要である。だが、そのようなユニコーンは存在しない。そもそもユニコーンなど一頭も存在しない。ということは、問題の全称文には反例が存在しないということである。では、いかにしてその全称文が偽であるといえるのだろうか。その全称文が偽だといえるとすれば、問題の全称文には反例が存在するはずである。

「ちょっと待った。「問題の全称文には反例が存在しないということである」といった舌の根が乾かないうちに「問題の全称文には反例が存在するはずである」といっている。これを矛盾と呼ばずして何を矛盾と呼べよう」。こう抗議したい読者は多いにちがいない。無理もない反応である。だが、じつはこの抗議を中和させることができるのである。どうしたらそうできるのかをみるために、いかなる理由でわたしたちは問題の全称文を偽とみなすのかを検討することにしよう。

ごくふつうに「すべてのユニコーンは爬虫類である」を否定するとき、わたしたちは何を頭に浮かべているのだろうか。もちろんユニコーンを頭に浮かべている。そして、それは額から角が一本出ている馬そっくりの動物であり、馬は哺乳類で爬虫類ではないので、ユニコーンも同様だと考えるのだ。ユニコーンは現実には存在しないが、現実に存在しないからといって頭に浮かべられないわけではない。(錯覚ではない正真正銘の)知覚とちがって、「頭に浮かべる」という心の働きは、その対象を現実世界に存在するものだけにかぎってはいない。神話の世界に存在するものも、その対象になりうる。「すべてのユニコーンは爬虫類である」という全称文に反例が存在しないというとき、わたしたちは、現実世界に存在しないといっているのだ。そして、その同じ全称文に反例が存在するというときは、神話の世界に存在するといっているのである。つまり存在の「場」がちがうのである。

ペットのインコが鳥かごから逃げたのに気づいて「インコがいなくなった」というのはごくふつうのことだが、それは、そのインコがいかなる場所からもいなくなった、すなわちどこにも存在しなくなった、といっているのではない。鳥かごからいなくなった、すなわち鳥かご内に存在しなくなった、といっているのである。「いる」、「ある」、「存在する」という述語は、使用状況によってその解釈に適切な「場」が容易にシフトする言葉である。「場」は現実世界内でシフトするのみならず、現実世界から非現実世界へとシフトすることもできる。ユニコーンの場合、そういうシフトが起きているわけだ。

ということは、「すべてのユニコーンは爬虫類である」という全称文と同値な連言の連言肢をなす仮言は、神話の世界という非現実世界にかかわる文だということである。よって、そのような仮言は、前件と後件の現実世界での真理値によってその真理値が決定される実質仮言ではなく、反事実条件文またはそれに近い種類の、非現実世界での真理値が問題になるような仮言だということなのである。

10 「がある」

「すべてのカモノハシは哺乳類である」の否定は「すべてのカモノハシは哺乳類ではない」ではない。「すべてのカモノハシが哺乳類なのではない」、すなわち、「カモノハシで哺乳類でないものがある」である。この後者の文は「何々でこれこれのものがある」という形をしている。「これこれの」の部分に否定がはいっているにすぎない。否定がはいっていようがいまいが、この形の文を「存在文」と呼ぶ。「何々」を「f」、「これこれ」を「g」とすれば、「fでgのものがある」という形の文である。このような存在文が真であるための必要十分条件は、「xはfであり、かつ、xはgである」という連言が、少なくとも一つのxについて真であるということである。「あなたはfであり、かつ、あなたはgである」、または「わたしはfであり、かつ、わたしはgである」、または「あれはfであり、かつ、あれはgである」、または、…が真であるということ、すなわち、これらの連言を選言肢とする選言が真であるということである。異なるxをa、b、…と呼び、仮言の連言と同値である全称文と並べてみると、こうなる。

［全称］　すべてのfはgである――aがfならばaはgである、かつ、bがfならばbはgである、かつ、…。

［全称否定］　すべてのfがgなのではない――aはfでありかつaはgでない、または、bはfでありかつbはgでない、または、…。

［存在］　fでhのものがある――aはfでありかつaはhである、または、bはfでありかつbはhである、または、…。

［全称否定］がこのような連言の選言になるということは、すでにみた仮言の真理表から帰結する。実質仮言としての仮言は、前件が真で後件が偽のときにのみ偽なので、［全称］を否定する［全称否定］は、前件と後件のそのようなコンビネーションの連言がなす選言になるのである。

［全称否定］と［存在］は、「gでない」と「hである」以外は同じである。ということは、［存在］は、「g」を否定した［全称］の否定と同値だということである。すなわち「何々でこれこれのものがある」は、「すべての何々はこれこれでないものである、というわけではない」と同値だということなのである。この同値の自然さは、カモノハシの例であきらかだろう。この同値は、日常言語における「すべて」、「でない」、「ある」という言葉の意味によって裏づけられており、仮言を実質

仮言として解釈する真理関数論理の強みを示すいい例だといえる。

　ここまでの検討から、「存在する」と「少なくとも一つ」という言葉のあいだの関係は、もはやあきらかである。「何々が存在する」は「少なくとも一つのものが何々である」ということなのだ。何かが存在するかどうかを決めるには、「どこ」における存在が問題になっているのかがわからなければならない。存在を相対化する「場」を設定する必要があるのだ。まったく同様に、少なくとも一つのものが何々かどうかを決めるにも、「場」の設定がいる。部屋の鳥かごの内部を「場」とすれば、その「場」で少なくとも一つのものがインコだということはないかもしれないが、近所の動物園の敷地内を「場」とすれば、その「場」では少なくとも一つのものがインコである。つまり、「インコが存在する(いる)」は、部屋の鳥かごの内部という「場」に相対的には偽かもしれないが、近所の動物園の敷地内という「場」に相対的には真だということだ。

11　いい推論

　仮言とその前件を同時に主張したとしよう。「pならばq」と「p」を同時に主張したとするのである。その場合、さらなる主張をすることができるだろう。その主張とは、もちろん「q」という主張である。「p」がどんな文だろうが「q」がどんな文だろうが、平叙文でありさえすれば、「pならばq」と「p」から「q」を論理的に推論することができるということはすでにみた。この形の推論はもっとも頻繁に使われるので、よく知られた名前がある。「モードゥス・ポーネンス」

という名前だ。

それと対になる、これまたよく使われる推論があって、それは「モードゥス・トーレンス」と呼ばれる。「pならばq」と「qでない」を仮定とし、「pでない」を結論とする推論である。第一仮定はモードゥス・ポーネンスと同じだが、第二仮定はモードゥス・ポーネンスの結論の否定で、結論はモードゥス・ポーネンスの第二仮定の否定である。仮言を矢印で表記し、否定をカギカッコで表記すれば、この二つの推論はつぎの真理表であらわすことができる。

モードゥス・ポーネンス

			仮定	仮定	結論
	p	q	p → q	p	q
1	T	T	T	T	T
2	T	F	F	T	F
3	F	T	T	F	T
4	F	F	T	F	F

モードゥス・トーレンス

			仮定	仮定	結論
	p	q	p → q	¬q	¬p
1	T	T	T	F	F
2	T	F	F	T	F
3	F	T	T	F	T
4	F	F	T	T	T

どちらの真理表でも、仮定がともに真で結論が偽な横列(TTF)はない。四つの横列1～4以外に、「p」と「q」の真理値のコンビネーションはありえないので、これは、仮定がすべて真でかつ結論が偽だ、ということはありえないことを示している。「仮定がすべて真で結論が偽であることは不可能」であるような推論を「妥当」だという、という定義を思い出そう。モードゥス・ポーネンスとモードゥス・トーレンスは、妥当なので受け入れられるのである。

ではここで、妥当ではない推論の例を二つみてみよう。「前件否定の誤り」と「後件肯定の誤り」である。

この二つの「誤り」の推論では、とも

前件否定の誤り

			仮定	仮定	結論
	p	q	p→q	¬p	¬q
1	T	T	T	F	F
2	T	F	F	F	T
3	F	T	T	T	F
4	F	F	T	T	T

後件肯定の誤り

			仮定	仮定	結論
	p	q	p→q	q	p
1	T	T	T	T	T
2	T	F	F	F	T
3	F	T	T	T	F
4	F	F	T	F	F

に3で両仮定が真で結論が偽である。「p」が偽で「q」が真の場合、仮定はすべて真だが結論は偽だということだ。妥当ではない、「誤り」の推論なのである。このように真理表を使えば、モードゥス・ポーネンスとモードゥス・トーレンスは妥当だが、前件否定の誤りと後件肯定の誤りは妥当ではないということが一目瞭然にわかる。にもかかわらず（残念ながら）、妥当である二つの推論と妥当でない二つの推論を混同するのは、よくある話なのである。

まず、混同しない例をあげる。

（1）あなたが読書していれば、あなたは呼吸している。あなたは読書している。ゆえに、あなたは呼吸している。

（2）あなたが眠っていれば、あなたは呼吸している。あなたは眠っていない。ゆえに、あなたは呼吸していない。

（3）わたしが猫ならば、わたしは猫舌である。わたしは猫舌ではない。ゆえに、わたしは猫ではない。

（4）わたしが猫ならば、わたしは哺乳類である。わたしは哺乳類である。ゆえに、わたしは猫である。

この四つの推論のうち、どれが妥当でどれが妥当でないかはあきらかだろう。だが、いつも妥当性や非妥当性があきらかだとはかぎらない。たとえば、つぎの推論は妥当でないが、それにすぐ気づく人は残念ながら多いとはいえない。

（5）暴飲暴食をすれば健康を害する。暴飲暴食をしていない。ゆえに、健康を害していない。

（6）財政政策が正しければ、経済指標は上向く。経済指標は上向いている。ゆえに、財政政策は正しい。

暴飲暴食をしていなくても、一日にタバコを五十本吸うことによって健康を害することは可能だし、まちがった財政政策にもかかわらず経済指標が上向くこともありうる。論理学に精通すると、こういう推論の誤りを即座に認知できるようになる。論理学はじっさいとても役に立つのである。論理学が日常生活と無縁だと思うことほど非論理的な態度はない。

12 ヴェン図

真理関数を図式化するのに真理表を使ったが、もう一つ別の方法がある。

ヴィジュアル性の高いその方法は、推論の妥当性を一目でわかりやすく示してくれる。「ヴェン図」と呼ばれる図を使う方法がそれである。まず、連言、選言、否定、仮言をヴェン図で描いてみよう（次頁）。

ｐだという状況を左のｐの円であらわし、ｑだという状況を右のｑの円であらわしている。なので、ｐかつｑだという状況は、ｐの円とｑの円の交わった凸レンズ形の部分によってあらわされることになるのである。

ｐまたはｑだという状況は、ｐだという状況があればあり、ｑだという状況があればあるので、ｐの円とｑの円の両方によってあらわされている。

ｐでないという状況は、ｐだという状況を除く状況なので、ｐの円の外の部分によってあらわされるのである。

ｐならばｑだということは、ｐの円の中でｑの円にふくまれない部分はない、ということなので、ｐの円の内部の凸レンズ形以外の部分が排除される。つまり、「ｐかつ、ｑではない」ということはない、すなわち、「ｐでないか、またはｑである」と同じことになる。ｐの円とｑの円の外側の長方形部分がふくまれるのは、それが「ｐでない」をあらわす部分だからであり、ｑの円がふくま

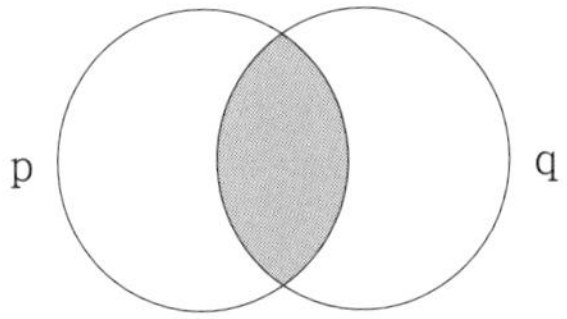

「p かつ q」

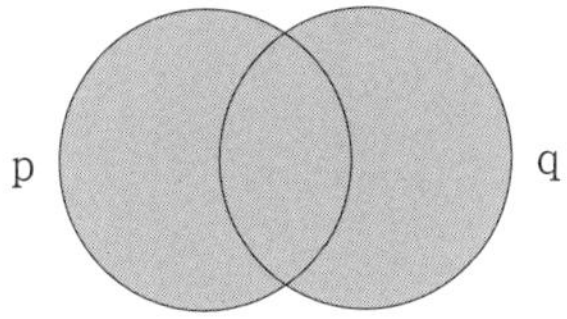

「p または q」

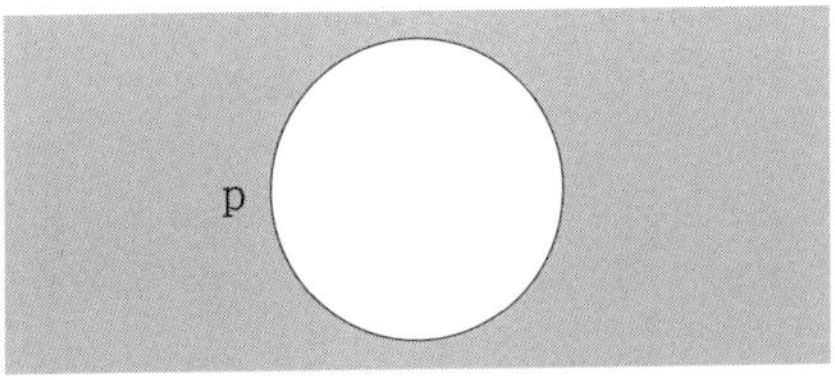

「p でない」

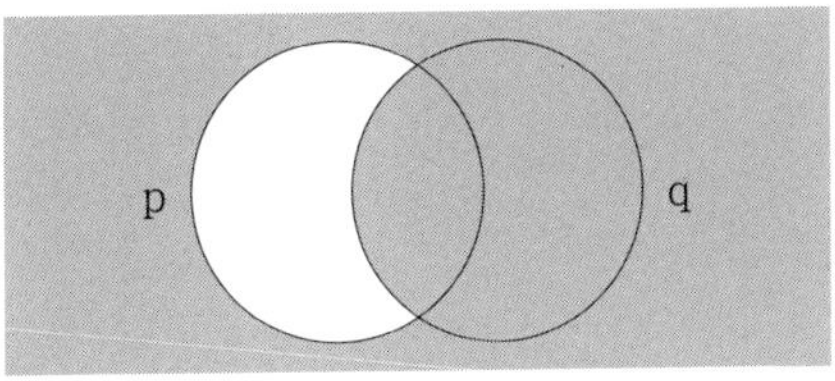

「p ならば q」

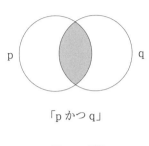

モードゥス・トーレンス

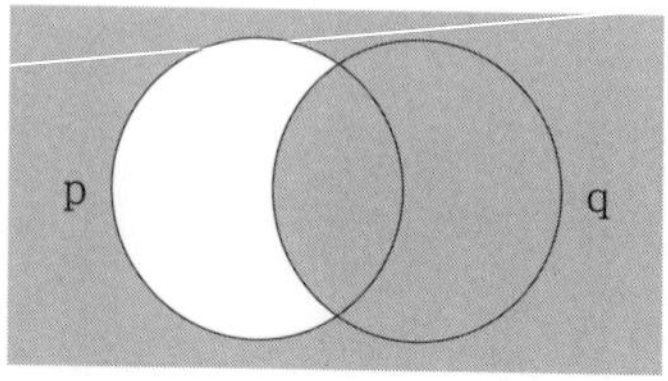

「p ならば q」

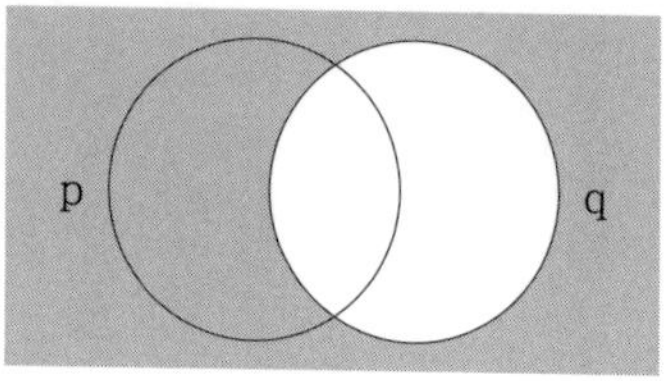

「q でない」

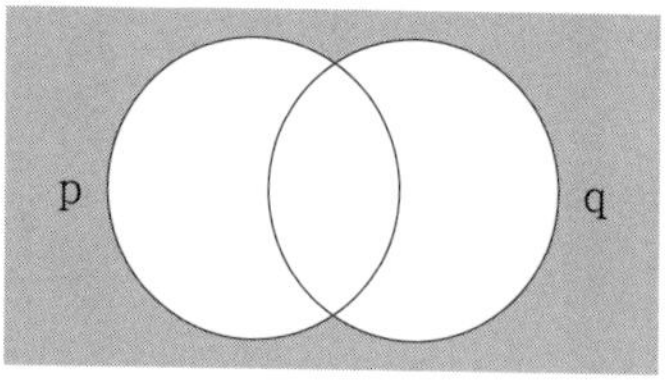

「ゆえに p でない」

モードゥス・ポーネンス

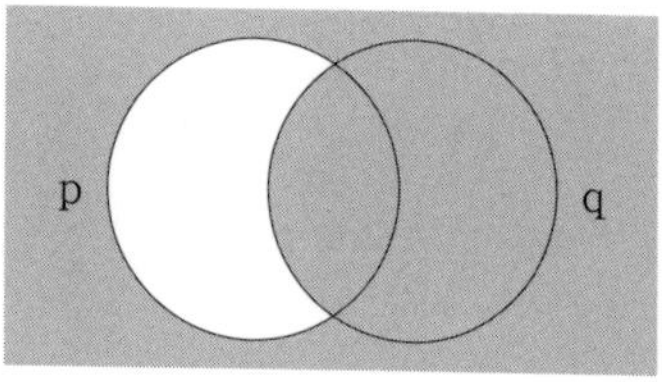

「p ならば q」

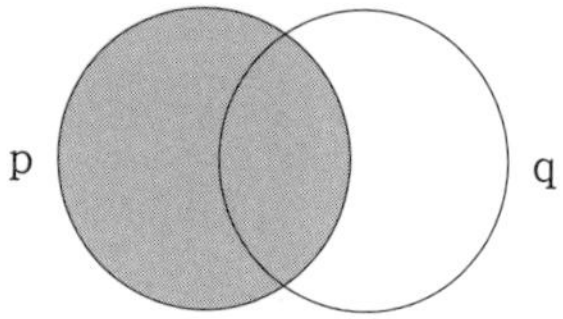

「p」

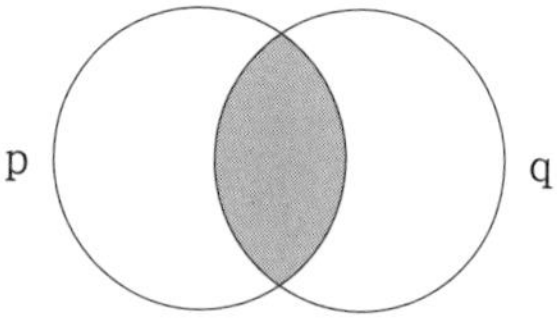

「ゆえに q」

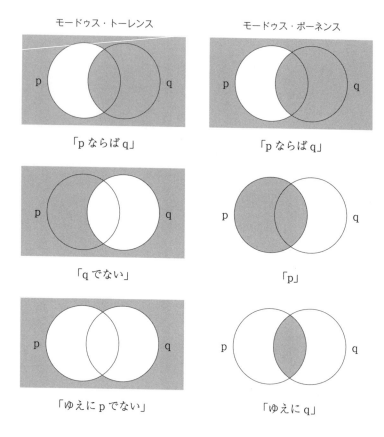

れるのは「qである」をあらわすからにほかならない。

では、仮言をふくむ二つの妥当な推論、モードゥス・ポーネンスとモードゥス・トーレンスをヴェン図に描いてみよう。

「pならばq」でpの円の凸レンズ形以外の部分が排除され、「p」でpの円以外が排除されるので、凸レンズ形の部分だけが残るのだが、それはqの円の一部でもある。ゆえに「q」という結論が出るのである。

「pならばq」でpの円の凸レンズ形以外の部分が排除され、「qでない」で凸レンズ形部分をふくめたqの円が排除されるので、pの円とqの円がともに完全に排除される。ゆえに、「pでない」という結論が出るのである。

妥当でない推論の非妥当性も、如実にあらわすことができる(次頁)。

「pならばq」と「pでない」で、pの円を凸レンズ形の部分をふくめて排除しているが、qの円の凸レンズ形以外の部分は排除されていない。よって、その部分をふくめたqの円全体を排除する結論は正当化されない。

「pならばq」でpの円の凸レンズ形以外の部分を排除し、「q」でqの円以外をすべて排除している。あきらかに、pの円の凸レンズ形以外の部分は排除されたままである。よって、それを排除しない「p」という結論は正当化されないわけだ。

後件肯定の誤り

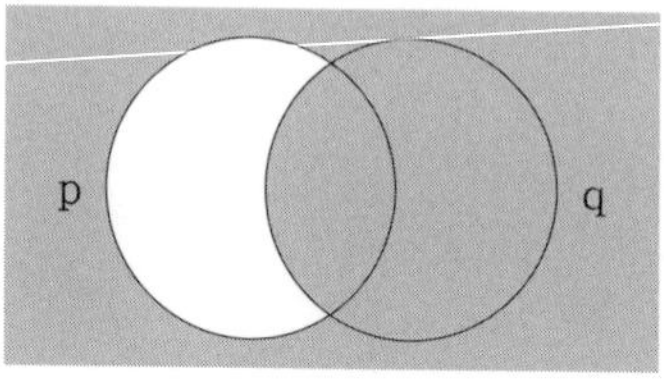

「p ならば q」

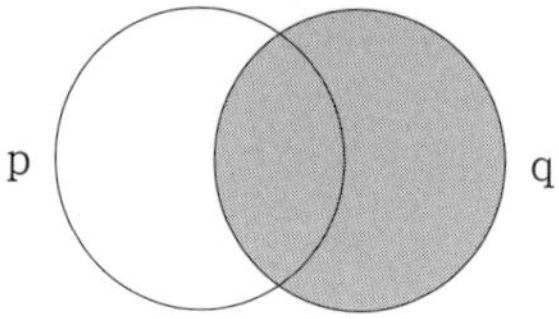

「q」

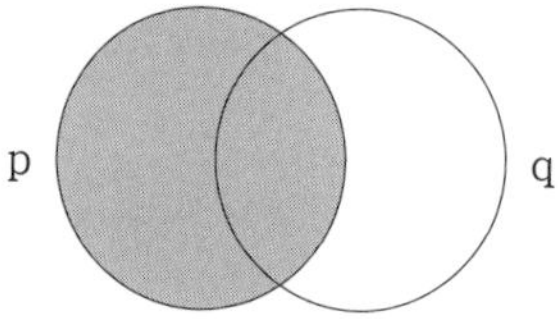

「ゆえに p」

前件否定の誤り

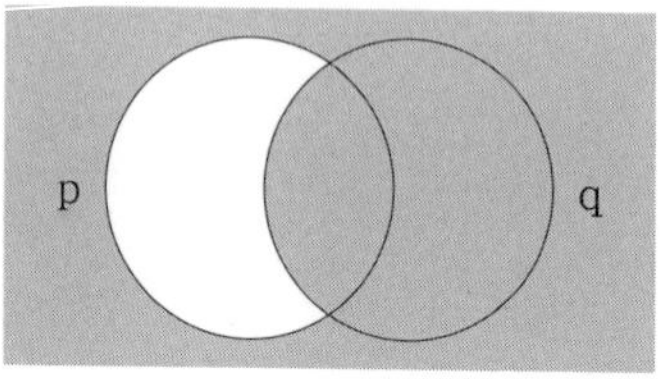

「p ならば q」

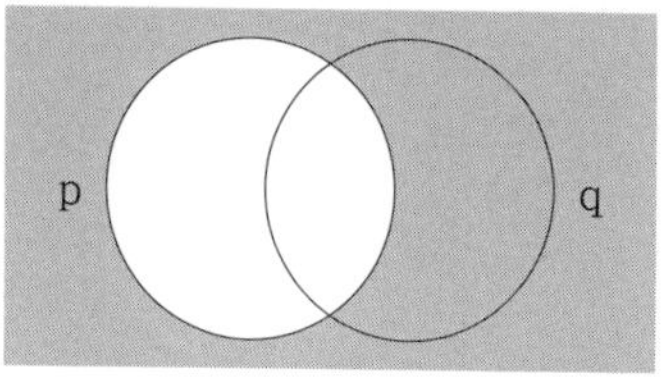

「p でない」

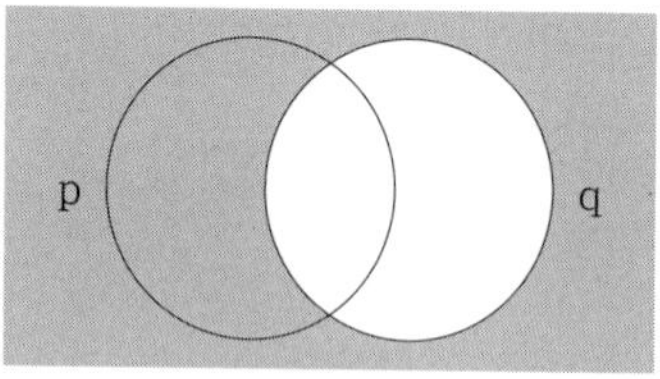

「ゆえに q でない」

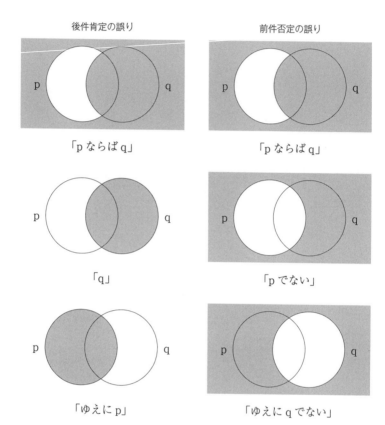

第 4 章

健全と完全

1　モデル

推論が妥当だというのは、仮定がすべて真かつ結論が偽という状況が不可能だということである。だが、あたえられた推論について、その仮定がすべて真かつ結論が偽という状況が不可能だということをいかにして確認すればいいのだろうか。そういう状況の不可能性について意見が分かれた場合、いかにして決着をつければいいのだろうか。

そのためには、まず「不可能」を論理的に解釈することからはじめる必要がある。形而上学者だったら、「これこれが不可能だということは、これこれがいかなる可能世界でも起こらないということだ」というかもしれない。pの可能性を、「少なくとも一つの可能世界でp」と定義すれば、pの不可能性は、「いかなる可能世界でもpではない」と定義できる。だが、この定義は「可能世界」というやっかいな概念を持ち出しているので、論理学ではこのままでは受け入れられない。この形而上学的な概念を、論理学であつかえる概念に置き換える必要がある。ここで「集合」という概念が役に立つのである。

可能世界のかわりに、ものの集合を使おうというわけである。ここでいう「もの」とは、もっとも包括的な意味での個体のことで、いかなる種類のいかなる個体でもいい。物理的個体(物体)、心理的個体、抽象的個体、現実の個体、非現実の個体、等々。論理学の観点からは、こういう色々な種類の個体のあいだの区別はどうでもいい。その存在すら問題にしない。たとえば、もし物理的個体と同一でない心理的個体がないならば、集合にふくまれるメンバーで心理的個体であるものは物理的個体でもある、というだけのことであり、また、すべての個体が現実の個体だとすれば、集合のメンバーのなかで非現実の個体はない、というだけの話である。論理学者は、形而上学的なトピックについては最大限中立の態度をとる。論理は、異なる形而上学理論すべてに同様に当てはまるべきだからだ(でなければ、異なる形而上学理論のあいだの論理的な議論が不可能になる)。

これは、もちろん、論理学の哲学的考察において可能世界の形而上学は重要でない、ということではない。考察のこの段階ではほかのことに焦点を合わせるのがいい、ということにすぎない。可能世界についての形而上学的な分析がほしい読者は、第8章、特に4～7節まで待ってもらいたい。

モードゥス・ポーネンスを例にとって、いかにして集合が妥当性の論理学的定義に使われるかをみることにしよう。「二つの仮定「pならばq」と「p」がともに真でかつ結論「q」が偽である、というような可能世界はない」というかわりに、「二つの仮定「pならばq」と「p」がともに真でかつ結論「q」が偽である、というような…はない」として「…」の部分で何らかの集合に言及しよう、というのが論理学のもくろみである。その何らかの集合は、そこで文が真だとか偽だとかいえるような集合でなければならないが、そのような集合のうちもっとも手軽なのは、文から真理値へのマッピングの集合だということはあきらかだろう。文とは何か、物体なのか、抽象的個体なのか、などという形而上学的な問いかけはしない。「あなたは呼吸している」や「わたしはネコである」など個々の文の例はあきらかだし、極端に長かったり複雑だったりしなければ、はじめて遭遇する文も文として認識できる。論理学を語る目下の目的には、それで十分である。真理値の形而上学的考察もおかどちがいである。真理値にはTとFという二つがあり(かつ、それしかなく)、すべての真な文の真理値はTで、すべての偽の文の真理値はFである(かつ、真理値がTである文はすべて真で、真理値がFである文はすべて偽である)ということさえ押さえておけばいい。

マッピングを「⇩」という記号で表現すれば、文から真理値へのマッピングは、つぎのように例示される。

p ⇩ **T**
q ⇩ **T**
r ⇩ **F**

「p」、「q」、「r」という三つの文が、それぞれT、T、Fにマッピングされている。もちろん文は三つ以上あるので、これはごく小規模のマッピング集合の例にすぎない。これとは別のマッピング集合の一例をあげよう。

p ⇩ **F**
q ⇩ **T**
r ⇩ **F**

この集合は最初の集合と似ているが、「p」がTでなくFにマッピングされているという点で異なる。この二つの例以外にも数多くのマッピング集合がある、ということはいうまでもない。

さて、ここで一つ大事なことを心にとめておく必要がある。それは、こうしたマッピング集合で真理値にマッピングされる文は、連言でも選言でも仮言でも否定でも全称文でも存在文でもない文でなければならない、ということである。つまり、「かつ」、「または」、「ならば」、「ではない」、「すべての」、「がある」という言葉(およびそれらの同義語)をいっさいふくまない文でなければならない、ということだ。そういう文を「単純文」と呼ぼう。マッピング集合で、真理値にマッピングされる文は単純文であるべし、と規定するのには二つの理由がある。

一つめの理由は、つぎの例をみればわかるだろう。

p ⇩ **F**
q ⇩ **T**
pかつq ⇩ **T**

このマッピング集合は「p」を**F**にマッピングするにもかかわらず、その「p」を連言肢に持つ「pかつq」という連言を**T**にマッピングしている。これは、連言の真理表に反する。つまり「かつ」という言葉の意味に反しているのである。こういう非論理的なマッピング集合を排除するために、受け入れられるマッピング集合は連言をふくまないものにかぎるという制限がいるのである。

同じような理由で、選言、仮言、否定の真理表に反する非論理的なマッピング集合を排除するために、受け入れられるマッピング集合は選言、仮言、否定をふくまないものにかぎるという制限をつける必要がある。さらに全称文と存在文も、仮言、連言、選言によって定義されうるので、同様の理由によりマッピング集合から排除されねばならない。となれば、残るは単純文だけである。

だが、単純文しかあつかわないならば、マッピング集合でそれ以外の文が真だとか偽だとかいえないのではないか。もしそうならば、単純文でない文を仮定や結論とする推論の妥当性を定義できないのではないか。

これはもっともな危惧だが、二つめの理由がこの危惧をなくしてくれる。その理由は、真理表を理解している読者にはおのずとあきらかなはずだ。連言の真理表は、連言の真理値が連言肢の真理値によっていかに決定されるかを表示している。つまり、連言肢の真理値が決定されていれば、それだけで連言の真理値は(その真理表に表示されたように)自動的に決定されるのである。「p」と「q」の真理値が決まれば、「pかつq」の真理値は自動的に決まるのである。選言、仮言、否定についても同様だ。よって、単純文しかあつかわないマッピング集合でも、非単純文の真理値を自動的に決めることができるのである。

さて本題にもどろう。可能世界をマッピング集合で置き換えると、推論の妥当性はつぎのように定義されることになる。

推論が妥当だということは、すべての仮定が真でかつ結論が偽である、というようなマッピング集合はないということである。

この定義を、モードゥス・ポーネンスの例に当てはめてみよう。「pならばq。p。ゆえにq」という推論が妥当だということは、「pならばq」と「p」が真でかつ「q」が偽である、というようなマッピング集合はないということである。この定義によればモードゥス・ポーネンスはたしかに妥当だ、ということを検証しよう。

第一仮定「pならばq」が真なのは、仮言の真理表によると1、3、4、すなわち「p」と「q」が真、「p」が偽で「q」が真、そして「p」と「q」が偽の場合である。この三つの場合のうち第二仮定「p」も真なのは1、すなわち「p」と「q」が真の場合のみである。つまり結論「q」が偽ではない場合のみである。ということは、「pならばq」と「p」が真でかつ「q」が偽である、というようなマッピング集合はないということだ。よって妥当性の定義から、モードゥス・ポーネンスは妥当だといえるのである。モードゥス・トーレンスの妥当性も、同じように検証できる。それは読者への宿題としよう。

ここで、話を簡単にするために新たな言葉を導入する。あたえられた文(単純文でも非単純文でもいい)を真にするようなマッピング集合を、その文の「モデル」と呼ぶことにする。一つの文ではなく複数の文の場合も、それらの文すべてを真にするようなマッピング集合を、それらの文の集合の「モデル」と呼ぶ。

たとえば、これは「pならばq」のモデルである。

p	⇩	T
q	⇩	T
r	⇩	F

そして、これも「pならばq」のモデルだ。

p	⇩	F
q	⇩	T
r	⇩	T

ほかにも「pならばq」のモデルはいくらでもある。「p」をFにマッピングするマッピング集合はすべて「pならばq」のモデルだし、「q」をTにマッピングするマッピング集合もすべてそうである。「p」と「q」以外の単純文(たとえば「r」)のマッピングがどうだろうと関係ない。「モデル」という言葉を使って妥当性の定義をいいなおせば、つぎのようになる。

推論が妥当だということは、すべての仮定をメンバーとする集合のモデルは結論のモデルでもあるということである。

結論のモデルは結論を真にするマッピング集合なので、結論を偽にしない。よって、この定義によると、妥当な推論の仮定の集合のモデルで結論を偽にするようなものはない。この定義が先の定義と同じことをいっているということが、これでわかるだろう。

2 単純文

単純文には内部構造がある。もちろん、「( )かつ( )」や「( )ならば( )」などといった内部構造ではない。真理表に反映される構造ではない。そうではなく、「何々はこれこれだ」という構造なのである。「何々」は名前または代名詞で、「これこれだ」は述語であるような、そういう構造である。いくつか例をあげよう。

(1) リルはかしこい。
(2) わたしは人間だ。
(3) リルはわたしより背が高い。
(4) リルはナンシーである。

「リル」という名前はリルという人物をさし、「かしこい」という述語はかしこさという性質をあらわす。名前がさす個体が述語のあらわす性質を持つ、ということが「名前＋述語」構造の文が真であるための必要十分条件なので、リルがかしこさを持っていれば(1)は真であり、そうでなければ偽である。「わたし」という代名詞は、それを発話している人物をさす。ここでは、わたし、すなわち八木沢敬が発話しているので、わたし(八木沢敬)をさしている。「人間だ」という述語は人間性という性質をあらわす。よって、わたしが人間性を持っていれば(2)は真であり、そうでなければ偽である。(3)では、「何々」は一つではなく二つの名前で、「これこれだ」は性質ではなく「より背が高い」という関係をあらわすので、その二つの名前がさす個体すなわちリルとわたしが(その順序で)「より背が高い」という関係にあれば(3)は真であり、そうでなければ偽である。

(3)と同様(4)も二項関係についての文だが、(4)が真であるためにリルとナンシーのあいだに成立しなければならない関係は同一性である。「より背が高い」という関係と「と同一である」という関係のちがいは、(3)と(4)から何が帰結するかに影響する。たとえば、(3)が真なら「わたしはリルより背が高い」は偽だが、(4)が真なら「ナンシーはリルである」も真である。

単純文がこういった内部構造を持つということは、マッピング集合という概念に特定の制約がかかるということである。たとえば、内部構造に共通要素を持つつぎの三つの文は、おたがいに独立に真理値を持つことができない。

(5)　ミカはココアが好きだ。
(6)　ミカはココアが好きな霊長類だ。

（7）　ミカは霊長類だ。

（6）が真であるためには、（5）が真でなければならないし、また（7）が真である必要もある。つまり、つぎの三つのマッピング集合は不可能だということだ。

（5）⇩ F
（6）⇩ T
（7）⇩ T

（5）⇩ T
（6）⇩ T
（7）⇩ F

（5）⇩ F
（6）⇩ T
（7）⇩ F

こうした不可能なマッピング集合を排除するために一番手っ取り早い体系的な方法は、そもそも単純文を真理値にマッピングするのではなく、単純文の構成要素を真理条件の構成要素にマッピングするというやり方である。そうすれば、単純文の真理値が自動的に決まると同時に、排除されるべきマッピングがきちんと排除される。そのためには「ココアが好きな霊長類だ」という述語を、「ココアが好きだ」と「霊長類だ」という二つの述語に分ける必要がある。

「ミカ」 ⇩ ミカ
「ココアが好きだ」 ⇩ 〈c〉
「霊長類だ」 ⇩ 〈r〉

ここで〈c〉はココアが好きな個体の集合、〈r〉は霊長類である個体の集合である。すなわち、いかなる個体xについても、xがココア好きならばxは〈c〉のメンバーであり、xがココア好きでないならばxは〈c〉のメンバーではない。xが霊長類ならばxは〈r〉のメンバーであり、xが霊長類でなければxは〈r〉のメンバーではない。そういう集合〈c〉と〈r〉を、それぞれ、述語「ココアが好きだ」と述語「霊長類だ」の「外延」という。名前はその指示対象にマッピングされ、述語はその外延にマッピングされるというわけである。このマッピング集合は、(5)から(7)の真理条件を同時に決定する(外延について語ることによって「性質」という形而上学的な概念を避けている、ということに注目しよう)。

（5）の真理条件は、ミカが〈c〉のメンバーだということ。
（6）の真理条件は、ミカが〈c〉と〈r〉の両方のメンバーだということ。
（7）の真理条件は、ミカが〈r〉のメンバーだということ。

このマッピング集合があれば、これとは別に単純文（5）～（7）を真理値にマッピングする必要はない。（3）と（4）も確認しよう。

「リル」 ⇩ リル
「わたし」 ⇩ わたし（八木沢敬）
「ナンシー」 ⇩ ナンシー
「より背が高い」 ⇩ 〈s〉
「である」 ⇩ 〈d〉

〈c〉や〈r〉とちがって〈s〉は、個体の集合ではなく、個体のペアの集合である。xがyより背が高いようなペアxとyはすべて〈s〉のメンバーであり、そうでないペアはメンバーではない。もちろん、xとyのペアがメンバーだからといって、yとxのペアもメンバーだというわけではない。xとyの順序は大事である。つまり、xとyのペアというのは、xとyのその順序でのペアという意味である。〈s〉の場合、メンバーであるペアの順序を入れ換えればメンバーではなくなる、という保証がある。

また、ここでの述語「である」は「同一である」という意味なので、同一性という関係をあらわす述語として、ペアの集合にマッピングされる。x＝yであるようなペアはすべて〈d〉のメンバーだ。つまり、いかなる個体xについても、xとxのペアがメンバーであり、かつ、個体とそれ自身のペアでないペアはメンバーではない。〈s〉とちがって、メンバーであるペアの順序を入れ換えても同じペアなので、メンバーであることに変わりはない。

このマッピング集合のもとで、(3)と(4)の真理条件がどう決定されるかはあきらかであろう。

(3)の真理条件は、リルとわたしのペアが〈s〉のメンバーであるということ。

(4)の真理条件は、リルとナンシーのペアが〈d〉のメンバーであるということ。

述語を外延にマッピングすることで、全称文と存在文の真理条件を新しく理解することが可能になる。先に全称文は連言として、存在文は選言として理解したが、連言や選言にたよらず真理条件をあたえることができるようになるのである。

名前は個体に、述語は個体または個体のペアなどにマッピングされるが、そういうマッピングに使うことができる個体の集合を「個体領域」と呼ぶ。つまり、マッピング集合で、名前がマッピングされる個体は個体領域のメンバーでなければならず、述語がマッピングされる外延のメンバーは、個体領域のメンバーまたは個体領域のメンバーのペアなどでなければならないのである。では、全称文と存在文の例を一つずつみよう。

（8）　すべてのカモノハシは哺乳類である。

（9）　ココアが好きな霊長類がいる。

「カモノハシだ」　⇩　〈k〉

「哺乳類だ」　⇩　〈h〉

（8）の真理条件は、個体領域のいかなるメンバーxについても、xが〈k〉のメンバーならばxは〈h〉のメンバーだということ。

（9）の真理条件は、個体領域の少なくとも一つのメンバーxについて、xは〈c〉と〈r〉の両方のメンバーだということ。

このような真理条件をふまえ、かつ、個体領域のメンバーだが〈h〉のメンバーではない個体の集合を〈h̄〉とあらわせば、全称文（8）の否定が「カモノハシで哺乳類でないものがいる」という存在文と同じ真理条件を持つということは、つぎのように証明できる。

（8）の否定の真理条件は、個体領域の少なくとも一つのメンバーxについて、xは〈k〉のメンバーだが〈h〉のメンバーではない、ということ、つまり、xは〈k〉と〈h〉の両方のメンバーだということだが、これは、「カモノハシで哺乳類でないものがいる」の真理条件にほかならない。

ここからは、推論の妥当性の定義に出てくるマッピング集合を、このようなマッピング集合として理解したうえで話をすすめることにしよう。

3 意味は無視

ある推論が妥当だとわたしが主張して、あなたがそれに反対したとする。その場合どうしたら、あなたにもわたしにも納得いくかたちで妥当かどうかが確定できるのか。客観的な方法があるのだろうか。なければ困る。そういう方法を供給するのが、客観的な学問としての論理学の役目（の一つ）だからである。「健全性」と「完全性」というものが、それを保証する。これがどういうことかを説明するために、まず「演繹」とは何かを説明することにしよう。

論理学では、演繹があるとかないとかいう。証明があるとかないとかいうのも同じことである。つまり、演繹（証明）は「もの」として概念化されるのだ。あなたやわたしが「する」何らかの「行為」としての演繹の概念は、それ自体で存在したりしなかったりする「もの」としての理解から派生的に得られる二次的な概念にすぎないとみなされる。では、演繹とはいかなる「もの」なのだろうか。

ひとことでいえば文の列である。あたえられた推論の仮定からはじまり結論で終わる文の列である。推論の仮定でない文は、結論文もふくめて、何らかのかたちで仮定から導き出されていなければならない。そして、この「導き出す」という操作は、単純文の意味内容に依存しないかたちでおこなわれる。意味を理解しない低いレベルの計算機でもできる操作である。これが、演繹の客観性の基礎なのである。

決定的に重要なのは、演繹は文の実質的な意味内容を完全に無視するということである。実質的な意味内容を無視して残るのは、文字や記号の羅列とその構造である。言語学的にいえば、セマンティックス（意味論）を無視しシンタックス（統語論）のみで理解された文の列ということになる。なぜ文の意味内容を無視するのかというと、一般性と客観性と厳密性がほしいからである。マッピング集合にもとづいたモデルという概念によって定義された妥当性の問題を、意味内容をそぎ落として純粋に形式のレベルでの問題に置き換えることによって、あたえられた推論と形式を同じくするすべての推論にかんして妥当かどうか客観的かつ厳密な判断を保証しようというのである。例として、つぎの推論の妥当性を示す演繹をしてみよう。

熟睡すれば、疲れない。
パーティーをすれば、疲れる。
熟睡する。
　ゆえに、
パーティーをしない。

この演繹では、まずあたえられた単純文の意味内容を忘れて「p」、「q」、「r」という文字に置き換えることによって、「1、2、3、ゆえに5」という推論形式を得る。この形式を持つ推論すべての妥当性を、この演繹は証明しているのである。だがここで注意深い読者は疑問を持つかもしれない。

意味内容を忘れるというが、「ならば」と「ではない」という、仮言と否定をあらわす言葉の意味は忘れていないのではないか。矢印とカギカッコに置き換えたからといって、意味を失ったわけではないだろう。

1	p → ¬ q	仮定
2	r → q	仮定
3	p	仮定
4	¬ q	1,3 より
5	¬ r	2,4 より

こう考える読者は、鋭い思考の持ち主である。論理学における演繹で使う文のシンタックスの構造は論理定項によって決まるので、論理定項の意味を無視すればシンタックスの構造がなくなり、文字と記号のサラダしか残らない。そのようなサラダは、文字と記号の羅列であるという以外いかなる構造も持たないので、論理的に有意義な操作の対象にはなりえない。構造なくしては形がなく、形なくしては妥当性の審査はできないからだ。このことは、たとえば、モードゥス・ポーネンスの妥当性は「ならば」という論理定項の意味から派生しており、モードゥス・トーレンスの妥当性は「ならば」と「ではない」という論理定項の意味から派生している、ということを思い出せばあきらかである。

いくつかある論理定項のうち、どの論理定項が定める論理構造を検討するかによって、論理学の分野がわかれる。仮言、連言、選言、否定をあつかう分野は「真理関数論理」または「命題論理」と呼ばれるし、全称文や存在文をあつかう分野は「量化論理」または「述語論理」と呼ばれる。そのほか、「必然的に」や「可能的に」を論理定項とみなす「様相論理」や、「かつて(　)だった」、「これからいつか(　)だろう」、「いつも(　)だった」、「これからいつも(　)だろう」などを論理定項とする「時制論理」もある。論理的におもしろそうな言葉をみつけてそれを「論理定項」とみなせば、論理学の新しい分野はいくらでも開拓できる。これについては第7章で詳しくあつかうことにする。

さて右の演繹にもどろう。この演繹の実質的な部分は4と5だが、いかにして4と5が得られるかは、モードゥス・ポーネンスとモードゥス・トーレンスをおぼえている読者にはわかるだろう。モードゥス・ポーネンスによって1と3から4が得られ、モードゥス・トーレンスによって2と4から5が得られる。こうして、三つの仮定から出発して結論に到達できるのである。

ここで重要な役割を果たしているモードゥス・ポーネンスとモードゥス・トーレンスは、それら自体が推論形式として働いているのではない。ここで問題になっているのは「1、2、3、ゆえに5」という推論形式であり、その推論形式の妥当性を証明するにあたって使われる「推論ルール」としてそれらは働いているのである。

論理定項の意味が推論の妥当性を左右するということだが、それは、論理定項の意味が推論ルールとして解釈されているからにほかならない。すなわち、特定の推論ルールを示唆しないような言葉は論理定項にはできないし、何らかの推論ルールを示唆はするが、そのルールがあまり特殊すぎて一般性を欠くならば、それもまた論理定項としてはふさわしくない。

さらに、すでにある論理定項に還元可能な言葉を、新たに一つの論理定項として格上げしても益はない。たとえば「( )と( )のどちらでもない」は、否定の連言「( )でない、かつ( )でない」(あるいは選言の否定「( )または( )、ではない」)と同値の真理関数をあらわすので、新しい論理定項とみなしても利点がない。

一般に演繹は、仮定からはじまり、推論ルールによって動いていき、最後に結論に到達するという形をとるのである。推論ルールがなければ、仮定からどこへも動けない。将棋盤にコマを並べても、そのコマを動かすためのルールがなければ何もできないのと同じである。推論の仮定がコマの初期配置で、推論ルールがコマの動かし方のルールに対応する。色々なコマの動かし方のルールがあるように、推論ルールにも、モードゥス・ポーネンスとモードゥス・トーレンス以外に色々ある。たとえば、

[ディレンマ] 「pまたはq」、「pならばr」、「qならばs」から「rまたはs」が導き出せる。
[二重否定] 「p」の否定の否定から「p」が導き出せる。
[全称例化] 「すべてのものはΨである」から「αはΨである」が導き出せる。
[存在汎化] 「αはΨである」から「少なくとも一つのものがΨである」が導き出せる。
[仮言証明] 「p」を仮定として「q」を導き出せば、仮言「pならばq」が導き出せる。
[背理法] 矛盾を後件として持つ仮言を導き出せば、その仮言の前件の否定を導き出せる。

ディレンマは、第3章2節で除去の推論形をみたとき、もう一つの推論形として一緒にみたが、

ここでは推論ルールとして定式化されている。それとならんで、二重否定、全称例化、存在汎化、仮言証明が、いずれも推論ルールとして直感的にもっともだということはあきらかだろう。

背理法でいう「矛盾」とは、「わたしはゾウであり、かつゾウでない」や「キリンはみな足が速いが、足が速くないキリンもいる」など一般に、文「p」と、その否定「pでない」またはそれと同値の文を連言肢とする連言のことだと思えばいい。「もしこれこれならば、わたしはゾウでありかつゾウでない。よって、これこれではない」という推論を裏づける背理法は、納得のいく推論ルールだといえる。矛盾に導くような文は否定されてしかるべきだからだ。背理法は、直接演繹するのがむずかしい文を演繹するのに便利な推論ルールであり、それによる演繹は「間接証明」と呼ばれることがある。

ここで、矛盾について、気をつけるべき点を二つ指摘しておこう。

まず、「わたしが火星人ならば、わたしは火星人ではない」は矛盾ではないということである。これは、実質仮言の真理表からわかる。「pならばq」は、「p」が真で「q」が偽の場合、かつその場合のみに偽なので、「p」と「qではない」の連言の否定、つまり「pでありかつqではない、のではない」と論理的に同値である。これを例文に当てはめると、「わたしが火星人ならば、わたしは火星人ではない」は、「わたしが火星人でありかつ火星人でなくない、のではない」と論理的に同値だということである。「火星人でなくない」は「火星人である」ということなので、「わたしが火星人でありかつ火星人である、のではない」と同値になるが、これはあきらかに「わたしが火星人である、のではない」すなわち「わたしは火星人ではない」と同値である。これは矛盾どころか立派な真理である(とわたしは主張したい)。

「これは論理的な議論とはいえない。「ならば」が実質仮言をあらわすと決めつけているからだ。いかにも火星人のやりそうなことである」と反論したい読者がいるにちがいない。たしかに、この議論は仮言を実質仮言と解釈している。では、ほかの解釈にしたがったら矛盾が生じるのだろうか。

「風が吹けば桶屋がもうかる」に代表される、前件と後件のあいだに因果関係があるという旨の言明として解釈したらどうだろうか。わたしが火星人だということと、わたしが火星人ではないということのあいだに因果関係があるとすれば、わたしは火星人であり続けることはできない。なぜなら、火星人であるという原因から火星人でないという結果が生まれるからだ。つまり、わたしは火星人でないという状況が帰結するのは因果的に必至だということになるのである。もちろん、火星人でないということが火星人だということの原因になるとはいっていない。よって、わたしが火星人でないという状況は安泰である。これは、とうてい矛盾とはいえない。

では、反事実条件文と解釈したらどうなるか。「現実にはそうではないが、もし仮にわたしが火星人だったとしたら、わたしは火星人ではなかったであろう」。これは矛盾だろうか。現実世界以外の可能世界のなかには、わたしが火星人である世界とそうでない世界がある。前者の種類の世界のなかに、わたしが火星人でない世界があるだろうか。もちろんない。なぜないのか。わたしが火星人であり、かつ火星人でないような世界は可能世界ではなく、不可能世界だからだ。なぜ不可能世界なのか。わたしが火星人でありかつ火星人でない、ということは矛盾だからだ。ここで「p」とその否定の連言という正規の矛盾の形にたどり着いた。ということは、反事実条件文として解釈されたならば「わたしが火星人ならば、わたしは火星人ではない」は矛盾する、ということである。

ただし、これは「わたしは火星人であり、かつわたしは火星人ではない」という正規の形をした矛盾文とちがって、現実世界に矛盾が起きているという内容ではなく、非現実可能世界のうち、わたしが火星人でかつ火星人でない世界はそうでない世界より現実世界に近い、という内容を持つ。この内容そのものは矛盾していない。現実世界や非現実可能世界を擁する論理空間(形而上空間？)について偽である内容にすぎない。その内容が偽であることの説明に矛盾が顔を出すのである。これは背理法に使う矛盾にほかならないが、非現実可能世界という概念の枠組みのなかに埋め込まれている。背理法を使うのに非現実可能世界という概念が必要だとしたら、「ならば」の反事実条件文的解釈は意味深だが、そうでなければ、背理法にかんするかぎり、反事実条件文的解釈は本質をついていない。

矛盾について気をつけるべき第二点は、矛盾を、「ムーアのパラドックス」として知られるパラドックスと混同してはならない、ということである。

ムーアのパラドックスとは、言葉の用法における一貫性の欠如で、たとえば「きょうは火曜日だが、わたしはそうは思わない」という発言である。ふつう、わたしたちが何かを主張するのは、その主張を信じているからである。仮にわたしがいま「きょうは火曜日だ」と主張するならば、それはわたしがきょうは火曜日だと思っているからである。もしそうではなく、きょうが木曜日だと思っていたら「きょうは木曜日だ」と主張しただろう(きょうが木曜日だと思っていても、あなたをだまそうという魂胆で「きょうは火曜日だ」ということもあるが、それは、話し手は主張することを信じているという暗黙の了解——かつ曜日についてはわたしは頼りになるというあなたの思い込み——が背景としてあってこそ試みられうる発話行為である）。つまり、わたしがいま「きょうは火曜日だ」というのは、きょうが火曜日だと思っているからにちがいない。ところが、それに続いてすぐ「わたしはそうは思わない」というのである。これは、「きょうは火曜日だ」の発言の動機を消滅させてしまう。すなわち、わたしがなぜその発言をしたのかがわからなくなる。

　別のいい方をすると、「きょうは火曜日だ」と発言することにより、わたしは、自分の発言の内容が真である、すなわち、きょうは火曜日である、ということにコミットしている。きょうは火曜日であるということにコミットするということは、きょうは火曜日だと思う（信じる）ことである。だが「わたしはそうは思わない」ということで、そのコミットメントを破棄している。これが「きょうは火曜日だ」の発言を台なしにするのである。

　この例で、わたしは、「きょうは火曜日だが、きょうは火曜日ではない」といっているのではないし、わたしがいっていることは、ある文とその文の否定の連言を含意するわけでもない。わたしではなく、あなたが同じ内容の発言をしたとすれば、「きょうは火曜日だが、あなた（八木沢敬）はそうは思わない」というだろう。あなたのこの発言は、「ｐかつ、ｐでない」という形の矛盾ではないどころか、真であるかもしれない。もしきょうが火曜日で、わたしが曜日について混乱していたとしたら、真であっただろう。この意味で、ムーアのパラドックスは、矛盾とは区別されるべきなのである。

　とはいえ、ムーアのパラドックスを矛盾の型に押し込んで理解しようと思えば、できないこともない。ふつう、わたしたちが何かを主張するのは、その主張を信じているからだということは、言語使用者なら誰でもみんな知っている。わたしも知っている。よって、「きょうは火曜日だ」というとき、わたしは、自分がそういうのはきょうは火曜日だと思っているからだ、という理解にコミットしている。だが、これは「わたしはそうは思わない」ということによって生じるコミットメントに反する。つまり、わたしは、自分がきょうは火曜日だと思っているというコミットメントと、自分がきょうは火曜日だと思っていないというコミットメントを同時に持つことになる。この二つのコミットメントを持つということ自体は矛盾ではないが、そのコミットメントの内容が矛盾している。ちょうど、反事実条件文「pだったとしたら、pではなかっただろう」が現実世界ではなく非現実世界での矛盾を示しているように、ムーアのパラドックスは、発せられた文ではなく、文を発することで生じるコミットメントの内容の矛盾を示しているのである。

では、推論ルールに戻ろう。列挙した八つの推論ルール以外にもいくつかの推論ルールがあるが、それらをみる必要はない。大事なのは個々の推論ルールが何かではなくて、つぎの二つの条件を同時に満たすような推論ルールの集合Rがあるということである。

［健全性］　Rのメンバーである推論ルールによって仮定から結論が導き出せる推論は、すべて妥当である。

［完全性］　いかなる妥当な推論の結論も、Rのメンバーである推論ルールによって仮定から導き出せる。

そもそも推論ルールは、妥当な推論形から抽出したルールなので、そのような推論ルールをメンバーに持つRの健全性はおのずとあきらかである。では完全性はどうか。「Rが完全だ」とは、「推論が妥当ならば、その推論の結論を仮定から演繹するためにR以外の推論ルールはいらない」ということである。これは、かなり中身のある主張であって、その証明は少しばかり込み入ったものにならざるをえない。

4　完全性の証明

完全であるような推論ルールの集合は、ただ一つだけではない。数多くある。論理学の教科書がちがえば完全である推論ルール集合もちがう、といっても大した誇張ではないだろう。ここでは特定の推論ルール集合をあつかうことはせず、ただ推論ルール集合Rとだけいって話を進めることにしよう。

任意の推論は、仮定の集合と結論を決めれば決まる。仮定の集合を「Γ」(ガンマ)、結論を「Φ」(ファイ)であらわせば、「ΓゆえにΦ」が任意の推論をあらわすことになる。この表記法を使えば、Rの完全性は、こう定式化できる。

［Rの完全性］「ΓゆえにΦ」が妥当ならば、RでΓからΦの演繹がある。

「RでΓからΦの演繹がある」というのは、RのメンバーだけにたよってΓからΦを導き出すことができるという意味である。Rの完全性の証明の大筋を理解するための準備からはじめよう。まず「整合的」という概念がいるのだが、それは、ひとことでいうと「矛盾を生じない」ということである。あたえられた文の集合が整合的だというのは、(Rのメンバーである推論ルールを使って)その集合のメンバーから矛盾を演繹する妥当な推論はない、ということである。逆にいえば、文とその文の否定が同時に導き出せるような文集合は、非整合的な文集合なのである。

ここで、整合的というのは事実に反するということではない、ということに注意しよう。事実に反する、すなわち偽である文をメンバーに持つからといって、文集合が非整合的だとはかぎらない。{「あなたがセイウチならば、わたしはゾウである」、「雪は白い」、「富士山は山ではない」}という文集合は整合的である。そのいっぽう、{「あなたがセイウチならば、わたしはゾウである」、「雪は白い」、「わたしはゾウではない」、「あなたはセイウチである」}という文集合は非整合的である。前者からはいかなる矛盾も導き出せないが、後者からは、モードゥス・ポーネンスなどを使えば「わたしはゾウであり、かつゾウでない」という矛盾を導き出すことができるし、モードゥス・トレンスなどを使えば「あなたはセイウチであり、かつセイウチでない」という矛盾を導き出すことができる。

整合性という概念を使ってRの完全性の証明の手順を非常に大まかに示せば、つぎのようになる。

(10) 整合的な文集合にはモデルがある。
⬅
(11) モデルがない文集合は非整合的である。
⬅
(12) 「Γゆえに Φ」が妥当ならば、RでΓからΦの演繹がある。

(10)から(11)への移行はあきらかだが、(11)から(12)に行き着くためにはどうすればいいのだろう。それにはつぎの二つのレンマ(補題)がいる。

(13) 「Γゆえに Φ」が妥当ならば、ΓにΦの否定を加えた集合にモデルがない。
(14) ΓにΦの否定を加えた集合が非整合的ならば、RでΓからΦの演繹がある。

(11)、(13)、(14)、(12)がつぎのパターンを形作るということに気づけば、(11)と(13)と(14)から(12)が証明できるということがあきらかになる。

(11) すべてのfはg。
(13) pならばxはf。
(14) xがgならばq。

（12）　pならばq。

もちろん、これは証明のアウトラインにすぎず、Rの完全性をちゃんと示したことにはならない。そうするためには（10）と（13）と（14）を証明する必要があるが、まず、（13）の証明をしよう。

「ΓゆえにΦ」が妥当だとする。ならば「妥当」の定義により、ΓのモデルはすべてΦのモデルである。ということは、Γ（のすべてのメンバー）を真にし、かつΦを偽にするようなマッピング集合はない、すなわち、Γを真にし、かつΦの否定を真にするマッピング集合はない、ということになる。つまり、ΓにΦの否定を加えた集合にモデルがない、ということである。

ではつぎに、（14）の証明に移ろう。

ΓにΦの否定を加えた集合が非整合的だとする。非整合性の定義により、これは、（Rにふくまれる推論ルールを使って）ΓのメンバーとΦの否定から矛盾を導き出すことができるということである。ということは、Γから「pならばq」（「p」はΦの否定で、qは矛盾）が導き出せるということである。よって、背理法を使えば、ΓからΦの否定の否定が導き出せる。そして二重否定のルールにより、Φの否定の否定からΦが導き出せる。ゆえに、ΓからΦを導き出せるのである。

最後に、(10)の証明である。この証明は、準備も入れてかなり長いので、心の冷静さと忍耐力という、論理学に必要不可欠な適性要素をためすいい機会をあたえてくれる。準備が終わったあとでも、証明そのものは一つのまとまった論証ではなく、いくつかのサブ証明を必要とするので、話の筋道の大きな流れを見失わないことが大切である。

すべての整合的文集合にモデルがあるということを証明するには、いかなる整合的文集合があたえられても、その文集合のモデルを組み立てることができる、ということを示せばいい。そのために、任意の整合的文集合についてじっさいにモデルを組み立てる手段をあきらかにする、というのがこの証明のかなめである。そのモデルが文や名前や述語をマッピングする先は、それ自体が、当の整合的文集合のメンバーである文の言語なので、その言語についてはっきりさせることからはじめることにしよう。

その言語は、本書では大まかにいって日本語だが、日本語とはちがう点がいくつかある。その言語を「L」と呼べば、Lは、日本語に、いくつかのアルファベット文字と、矢印やカギカッコなどといった少数の特別な記号を加えた言語であり、かつ日本語とちがって、語彙形成の特別な規則がある。その規則をみる前に、たとえ語彙の数にかぎりがあっても(つまり有限でも)その有限数の語彙を文法的に組み合わせて、かぎりなく多い(つまり無限数の)文を生成することができる、ということをみよう。

たとえば「地球はまるい」という文からはじめて、その否定を作れば「地球はまるくない」となり、少なくとも二つの文が得られる。さらに後者の否定「地球はまるくなくない」はこの二つの文のいずれとも同一でない第三の文なので、少なくとも三つの文が得られる（三つめの文は最初の文と論理的に同値だが、同一の文ではない――最初の文には文字が六つしかないが、三つめの文にはそれより四つ多くある）。その第三の文をさらに否定すれば「地球はまるくなくなくない」という第四の文が得られ、この操作はかぎりなく繰り返しうるので、いかなる有限の整数kについても、k＋1個の文がある、すなわち無限に多い文があるということになるのである。

論理的に同値でない無限に多くの文の例がほしいならば、「あなたは地球はまるいと思う」、「わたしは、あなたは地球はまるいと思う、と思う」、「あなたは、わたしはあなたは地球はまるいと思うと思う、と思う」、…と続ければいい。

では、Lに特有な語彙形成の規則の話に移ろう。Lには日本語の名前のほかに、人工的な名前として「a」、「b」、「c」などという英語のアルファベットの小文字が加えられている。さらに、その一つ一つに数字を添え字として付け加えることによってさらなる名前を作ることが許される。これがLにおける語彙形成の規則である。この規則を使えば、たった一つの文字から無限に多くの名前を作ることができる。「a_1」、「a_2」、「a_3」、…というように。

これだけではない。Lの語彙形成規則は述語も同様にあつかう。たとえば「f」という述語に数字の添え字をあてがって、「f_1」、「f_2」、「f_3」、…という無限の数の述語を作ることを許すのである。こうして、否定などの論理操作や、「と思う」といった述語の繰り返しにたよらなくても、Lには無限の数の文があるのだということがはっきりする。

さて、Lに無限個の文があるというわけだが、それらの文を長さの順に並べることができる。そして、同じ長さの文は、最初の文字の五十音順に並べられるし、同じ文字ではじまる文は、二番目の文字の五十音順に並べられる。かな以外は、「ん」のつぎにアルファベット文字をアルファベット順に、さらにそのあとに矢印そしてカギカッコなどの特別な記号を並べればいい。漢字は、かなより並べ方の規則が複雑にならざるをえないが、できないことはない。特別な記号のあとに並べてもいいし、「ん」とアルファベット文字のあいだにいれてもいいし、どこか別の所に挿入してもかまわない。漢字の数は多いが有限なので、ほかの要素との相対的な位置はどうでもいいのである。

このようにして、Lの文をすべて一列に並べることができるということが確認できた。文のその順列を「s_1、s_2、…、s_k、…」と示せば、任意の整合的文集合のモデルは、その整合的文集合自体から出発して、無限に続く整合的文集合の列を作ることによって組み立てることができる、というのが(10)の証明の核心なのである。その証明の最初のステップは、そのような列をいかにして作るかを示すことである。

任意の整合的文集合があたえられたとしよう。その集合をΔ_0(デルタゼロ)とする。Δ_0からはじめて、文集合の列をつぎのやり方で作る。

(i) Δ_0にs_1を加えた集合が整合的ならば、その集合をΔ_1とし、そうでなければ$\Delta_1 = \Delta_0$とする。

（ii） Δ_1にs_2を加えた集合が整合的ならば、その集合をΔ_2とし、そうでなければ$\Delta_2 = \Delta_1$とする。

…

（k） Δ_{k-1}にs_kを加えた集合が整合的ならば、その集合をΔ_kとし、そうでなければ$\Delta_k = \Delta_{k-1}$とする。

…

このようにして作られた文集合の列は無限に続くが、この無限列Δ_1、Δ_2、…、Δ_k、…のメンバーすべてを一緒くたにした集合（和集合）をΔとする。すなわち、いかなるxも、この列のどれかの文集合のメンバーならばΔのメンバーであり、かつ、そのようなx以外にΔのメンバーはない。

さて、整合的な集合から、整合性を保持するやり方で作られたこの集合Δは、それ自体整合的だ、ということはあきらかだろう。さらに、このΔは「極大的に」整合的でもある。どういうことかというと、Δのメンバーでない（Lの）文をΔに加えると整合性が失われる、ということである。この極大整合性は、整合性ほどあきらかでないので、証明してみよう。

文sがΔのメンバーでないとする。

$s = s_1$ならば、Δ_0にsを加えた集合は整合的でない。なぜなら、もし整合的だとしたら、(i)により、sはΔ_1のメンバーなので、Δのメンバーになってしまうからだ。さらに、$s = s_2$ならば、Δ_1にsを加えた集合は整合的でない。なぜなら、もし整合的だとしたら、(ii)により、sはΔ_2のメンバーなので、Δのメンバーになってしまうからだ。同様に、いかなる整数kについても、$s = s_k$ならば、Δ_{k-1}にsを加えた集合は整合的でない。

これら以外にLの文はないし、また、Δにsを加えるということは(i)、(ii)、…、(k)、…によって作られた集合の列にあるどれかの集合にsを加えるということである。ゆえに、Δにsを加えると整合的でなくなる。

さて、(10)の証明にはもう一つステップが残っている。それは、つぎのレンマを証明することである。

極大的に整合的な文集合にはモデルがある。

このレンマが証明できれば、整合的な文集合は極大的に整合的な文集合に拡張できるという、たったいま証明した事実から、整合的な文集合にはモデルがあるということが帰結するのである。よって、このレンマを証明すれば(10)の証明は完結し、(10)から(11)が帰結して(13)と(14)はすでに証明済みなので、(12)が帰結する。すなわち、このレンマが証明できれば、Rの完全性が証明されたことになるというわけだ。では、このレンマの証明に進むことにしよう。

任意の極大的に整合的な(Lの)文集合をΔとすると、つぎのマッピング集合はΔのモデルである。

「a」⇩「a」
「b」⇩「b」
「c」⇩「c」
…
「f」⇩〈f〉
「g」⇩〈g〉
「h」⇩〈h〉
…

このマッピング集合が本当にΔのモデルだということを示そうと思うが、そのためにまず、名前のマッピングからみることにしよう。

このマッピング集合によると、名前はそれ自身にマッピングされる。つまり、「タロー」という名前は「タロー」という名前をさし、「ハナコ」という名前は「ハナコ」という名前をさすというわけだ。名前はそれ自体（単語という）個体なので、（人間や都市や星など）ほかの種類の個体と同じように、名前をつけることができる。その名前が、自分自身だということにすぎない。

言葉が自分自身の名前でありうる、ということに納得できない読者は、そういう言葉の使い方がいかにありふれたことかということに気づいてほしい。たとえば、「骨を折る」は骨を折るという意味である。この文中の主語「骨を折る」は、そのカッコ内の言葉をさしている。つまり、はじめカッコ-骨-を-折-る-終わりカッコ、は骨-を-折-るという言葉の名前なのである。

カッコがあるので、これは言葉がそれ自身の名前である例にはならない、といいたい読者は、字体の変化で言葉をそれ自身の名前として使用するというごくふつうの慣習を思い出そう。**タロー**はうちのネコの名前で、**ハナコ**はうちの犬の名前だ。ここでの太字の二語は自分自身の名前である。そうでなければ、うちのネコ（タロー）が自分自身の名前で、うちのイヌ（ハナコ）も自分自身の名前ということになってしまう。もちろん、それ自体意味論的におかしくはない。ネコやイヌをそれら自身の名前として使うことは可能である（ただ『ガリバー旅行記』におけるラガードの研究アカデミーの学者たちのように、特定のネコについて語るにはそのネコを、特定のイヌについて語るにはそのイヌをそのたびに提示しなくてはならないという不便さを克服する工夫と忍耐力は必要になる）。

「タロー」という名前がそれ自身の名前か、それともタローというネコがそれ自身の名前か、どちらかだ。いずれにしても、個体がそれ自身の名前であることに変わりはない。

ではつぎに、述語がマッピングされる外延〈　〉について、例をとって説明しよう。たとえば、「人間だ」という述語は〈人間〉という外延にマッピングされるわけだが、この外延は人間の集合ではない。大雑把にいえば、外延〈人間〉は人間の名前の集合である。もう少し正確にいうと、つぎのように定義される集合なのである。

ｘを任意の名前とすると、（Ｒで）Δから「ｘは人間だ」の演繹があるならば、ｘは〈人間〉のメンバーであり、そうでなければメンバーではない。

すなわち〈人間〉は、Δによればそれが人間であるような個体をさす名前の集合なのである。たとえば（現実の真理は整合的だという仮定にもとづいて）現実に真である日本語の文の集合をΔとすれば、（Δのメンバーがから演繹できるのはあきらかなので）〈人間〉は、「清少納言」、「エリーザベト・フォン・デア・プファルツ」、「フリーダ・カーロ」、「八木沢敬」など諸々の名前をメンバーとするいっぽう、「日本」、「ハチ公」、「木星」などの名前はメンバーとしない集合である（そういう名前の人間は現実にはいないと仮定している）。

また、性質ではなく関係をあらわす述語も同じようにマッピングされる。たとえば、

ｘとｙを任意の名前とすると、（Ｒで）Δから「ｘはｙより聡明だ」の演繹があるならば、ｘとｙの（その順序での）ペアは〈より聡明だ〉のメンバーであり、そうでなければメンバーではない。

「清少納言」と「八木沢敬」という名前のペアや、「エリーザベト・フォン・デア・プファルツ」

と「八木沢敬」という名前のペアは〈より聡明だ〉のメンバーだが、「八木沢敬」と「アリストテレス」の名前ペアや、「八木沢敬」と「マリ・キュリー」の名前ペアはメンバーではない。

「( )は( )より聡明だ」や「( )は( )の親だ」のような二項関係をあらわす述語は(順序づけられた)名前ペア(対)の集合であり、「( )は( )を( )に貸した」や「( )は( )と( )のあいだに位置する」のような三項関係をあらわす述語は(順序づけられた)名前トリプル(三対)の集合である。一般に、n項関係をあらわす述語は(順序づけられた)名前のn対の集合なのである。

ここまでの話を要約すると、(Rで)Δから演繹できる文の主語はその文の述語の外延のメンバーだということである。いかなる文についても、もしその文の主語がさすものが、その文の述語の外延のメンバーならば、その文は真である。かつ、目下のマッピング集合によると名前はそれ自身にマッピングされる、すなわちそれ自身をさしているので、目下のマッピング集合は、Δから演繹できる文をすべて真にする、つまりΔから演繹できる文をメンバーとする集合のモデルだ、ということになるのである。

というわけで、極大的に整合的な文集合にはモデルがあるということを示したのだが、任意の整合的な文集合は、そのメンバーをすべてふくむ極大的に整合的な文集合に拡張されうるということはすでに示してあるので、(10)が証明されたことになる(極大的に整合的な文集合のモデルは、あきらかに、その文集合のいかなる部分集合のモデルでもあるからだ)。

長い証明だったので、ここで振り返ってまとめてみよう。

(10) 整合的な文集合にはモデルがある。
(11) モデルがない文集合は非整合的である。
(13) 「ΓゆえにΦ」が妥当ならば、ΓにΦの否定を加えた集合にモデルがない。
(14) ΓにΦの否定を加えた集合が非整合的ならば、RでΓからΦの演繹がある。
(12) 「ΓゆえにΦ」が妥当ならば、RでΓからΦの演繹がある。

(10)から(11)が帰結し、(11)+(13)+(14)から(12)が帰結する。(13)の前件が(12)の前件で、(14)の後件が(12)の後件だということに気づくことからはじめれば、(13)の後件が(11)の主語へと導き、(11)の述語が(14)の前件へと導くので、(13)の前件から(14)の後件にいたることができる、つまり(12)が確立される、ということがわかる。これを、(10)を省いて大まかに図式化すると、こうなる。

(13) A → B
(11) B → C
(14) C → D
ゆえに、
(12) A → D

Rによる演繹は妥当な推論すべてをカバーする、というこの完全性は、（Rによる演繹は妥当でない推論はカバーしないという）Rの健全性と相まって、妥当という概念を演繹という概念で実質的に置き換えることができるということを示すのである。これがなぜ大事かというと、演繹という概念には、妥当という概念にはない決定的な長所があるからである。本章の冒頭ですでに垣間みたその長所を、章を改めて、もう少し詳しくみることにしよう。

第 5 章
形而上学なし

推論の妥当性は真理値のコンビネーションの不可能性として理解される、ということはすでにみた。推論が妥当だということは、その推論の仮定が真で結論が偽ということはありえない、つまり不可能だ、ということだった。こう説明される妥当性概念には、問題が二つある。「不可能とは何か」という問題と、「真とか偽とかいうのはどういうことか」という問題である。この二つの問題に満足のいく答えをあたえることがいかにむずかしいかを肌で感じたあと、演繹という概念に内在する「実効的決定可能性」という概念が、論理学におけるかぎり、そのような問題に直面する必要性を取り除いてくれる、ということをみよう。まず、不可能性からはじめる。

1　現実からの離脱

これこれという事態が不可能だということは、これこれという事態が現実ではないということ以上のことである。不可能ならば現実ではないが、現実ではないからといって不可能だということにはならない。では、現実ではない事態のうち、どれが可能でどれが不可能なのか。例からはじめるのがいいだろう。

(1)　わたしは金髪である。

(2)　あなたは、わたしとランチをしている。

わたしは金髪ではないし、あなたはわたしとランチをしているのではない。すなわち、(1)と(2)がいいあらわしている事態は現実ではない。にもかかわらず、わたしが金髪だということは可能だし、あなたがわたしとランチをしているということも可能である。髪を金色に染めることは可能だし、同時に存在する二人が一緒になってランチをすることは可能だからだ。ここで重要なのは、可能性を蓋然性と混同してはならないということである。わたしが髪を金色に染めていたというのは可能だが、ありそうなことではない。確率でいえば、ゼロではないが高くもない。9%くらいだろう。あなたとわたしがいまランチをしていたという可能性も、ゼロではないが、かなり低い。大事なのは、いくら低い可能性でも、ゼロでなければ立派に可能性として成り立っているということである。「pは現実ではないが可能だ」は「pは現実ではないが、pだという可能性はゼロではない」ということだと思えばいい。いい換えれば、「現実にはpではないが、pだということは不可能(可能性ゼロ)ではない」ということだ。

すでに出てきた「可能世界」という概念がここで有用になる、ということはあきらかである。「pは現実だ」は「現実世界でpだ」と理解され、「pは可能だ」は「少なくとも一つの可能世界でpだ」と理解される。現実世界はあきらかに可能世界の一つなので、pが現実ならばpは可能だということはいうまでもない。

不可能性は可能性の否定なので、ある事態が不可能だということは、いかなる可能世界でもその事態はないということである。これを妥当性の定義に当てはめると、こうなる。

推論が妥当だということは、その推論の仮定がすべて真でかつ結論が偽であるということが、いかなる可能世界においてもないということだ。

妥当性のこの分析は直感的には非常にわかりやすいが、「可能世界」という概念に依存しているので、その良し悪しは「可能世界」という概念の良し悪しに依存している。では、「可能世界」という概念はどういうふうに理解すればいいのだろうか。まず第一にあきらかなのは、「可能」と「世界」に分けて理解するのはだめだということである。なぜなら、「可能世界」という概念を理解するためにまず「可能」という概念を理解せねばならないとしたら、前者で後者を(悪循環なしに)定義することはできなくなるからである。では、「可能」という概念を使わずに「可能世界」という概念をどう理解すればいいのだろうか。

こういうのはどうだろう。まず現実世界からはじめる。現実世界は、あなたやわたし、テーブルや椅子、地球表面に位置するその他諸々の物体、太陽系、それをふくむ銀河系、その他無数の天体、また(身体を持たない)デカルト的思考主体のような純粋心的実体があるならそれら全部、さらに(時空を超えた)プラトン的イデアなど抽象物があるならそれらも、すべてふくめた大きな全体として把握することができる。そのような全体を現実世界と同一視するならば、非現実可能世界も同じ種類の全体だと理解すればいい。現実世界を構成する部分ではなく、別のものを部分として持つ全体なのである。あなたやわたし、地球や銀河系は、現実世界を構成する部分なので、ほかの可能世界の部分ではない。現実世界にない人物や天体が、非現実可能世界を構成する。もちろん、人間や天体がない可能世界もあるし、わたしたちには想像もできないような種類の実体を構成要素として持つ可能世界もあるだろう。可能世界のこのような説明は、現実世界からはじめて、それを一般化しているだけなので、現実を超える可能性の概念を必要としない。よって、「仮定がすべて真でかつ結論が偽であるということが、いかなる可能世界においてもない」という妥当性の定義で言及されている可能世界を、このように理解すれば、妥当性の定義が悪循環なしに把握できる。めでたし、めでたし。

というわけにはいかない。可能世界とは何かについてのこの理論には、残念ながら基本的な問題があるのだ。そもそも可能世界を引き合いに出すのは、非現実だが可能な事態が成り立っている場を提供するためだった。あなたがわたしとランチをしているというような、現実にない事態を擁するのが可能世界の役目だったはずである。だが、目下の理論によると、あなたとわたしは現実世界の部分であって、ほかのいかなる可能世界の部分でもない。とすると、現実世界以外の可能世界には、あなたとわたしは存在しないということになる。存在しなければ、ランチをすることなどできない。よって、あなたとわたしがランチをする可能世界はない。ゆえに、あなたとわたしがランチをするのは不可能だということになる。ランチは一例にすぎないので、この議論を一般化すると、現実の個体についての現実にない事態はすべて不可能だ、という結論が出てしまう。実のある哲学的な議論によってこの結論を擁護しようとする試みがあるのならば、それはあっぱれだが、単に

「可能だ」の定義からこの結論が自動的に転がり落ちる、という主張は受け入れがたい。「現実は必然だ」という立場は、単に言葉の定義によって正当化されるべきものではない。言葉の意味をしっかり把握している論者たちのあいだで論争の的になるトピックなのであるから。

この問題は、かなりやっかいな問題で、解決策がないわけではないが、それを受け入れると別の問題が起き、その問題を解こうとすると、さらなる問題が芋ヅル式に生じて混迷状態におちいる危険性が高い。多くの哲学者は分析をあきらめている。「可能だ」は原初的な概念であり、より基礎的な概念で定義することなどできない、という態度をとっているのである。そして、「妥当だ」を「仮定がすべて真でかつ結論が偽であるということが可能でない」と定義するかぎり、この態度は妥当性の概念をミステリアスにするだけである。こうしてみると、論理学者が、マッピング集合によって妥当性を理解しようという方向に駆り立てられるのは、いかにももっともなことにみえる。

可能世界についての形而上学的考察は、これで終わりではない。第8章4〜7節で、時間の論理の話もまじえてさらに詳しく検討する機会がある。

2 リアリティーとの対応

妥当性の定義には、可能性のみならず真偽への言及がある。「仮定が真」と「結論が偽」である。あたえられた文が真だとか偽だとかいうとき、わたしたちは何を意味しているのだろうか。その文の真理値がTだとかFだとかいう意味だ、というだけでは話が進まない。真理値とは何か、特にT

とFという真理値とは何か、というさらなる問いかけを生むだけである。

第4章1節でも触れたが、真理値を何らかの論理的実体として理解することはむずかしい。そのような実体を擁する領域をわざわざ設ける形而上学的な理由がみつからない。文がTを真理値として持つというのは、その文が真だという以上の意味合いはまったくないし、文がFを真理値として持つというのは、その文が偽だという以上の意味合いはまったくない、とするのが無難である。文法上、「真だ」や「偽だ」のような形容詞ではなく「T」や「F」という固有名を使うことで構文や表作りが簡略化できるので便利だ、というほどのことだと思えばいい。

では、「真だ」と「偽だ」とはどういうことか。「pは真だ」といえるためには、いかなる条件が満たされていなければならないのか。「ものごとがこれこれである場合に、ものごとがこれこれであるといったり、ものごとがこれこれでない場合に、ものごとがこれこれでないといえば、それは真であり、ものごとがこれこれである場合に、ものごとがこれこれでないといったり、ものごとがこれこれでない場合に、ものごとがこれこれであるといえば、それは偽である」。プラトンやアリストテレスが支持した、このアイデアに反対するのはむずかしい。だが、このあきらかにもっともなアイデアを、きちんとした理論にまとめるのは案外やっかいである。リアリティーと対応する文が真で、対応しない文が偽だという解釈をすれば、「対応」とはどういうことかが問題になる。文という言語的実体と、言語を超えるリアリティーとのあいだの「対応」とは何か、という問題は簡単には解けない。第4章2節で出てきた、単純文内要素のマッピングがその対応である、といえないこともないが、そうするとリアリティーは人間などの個体のみならず個体の集合もふくむことになる。また、そもそも「マッピング」という概念そのものがはっきりしない、といわれればそれまでである。

とにかく、推論の妥当性についての話のなかで、リアリティーとの対応の有無といった形而上学的なトピックには触れるべきではない。論理学は形而上学とは別物である。少なくとも、あたえられた特定の推論が妥当かどうかを判断するにあたって、その推論の仮定と結論が現実世界やそのほかの可能世界のリアリティーと対応するか否かという問題に答える必要はない。また、真理をリアリティーとの対応として分析しない真理の理論もいくつかあるにはあるが、それらはそれらなりの問題点を抱えており、特定の推論の妥当性を判断するにあたって、そうした問題にかかわる必要はない。

論理学にかぎらず一般に、何かをするとき、わたしたちは何らかの仕方でそれをしているが、その仕方が「方法」である。何らかの方法なしには何もできないし、あることをする方法は複数ある。たとえば、自宅から最寄りの駅へ行くという行為をするための方法は色々ある。ふつうに歩く、スキップする、後ろ向きに歩く、這う、友人に担いで行ってもらう、自転車に乗る、バイクに乗る、タクシーに乗る、消防車に乗る、熱気球に乗る、等々。これらの方法がすべて同じように効率がいいわけではないし、一つの方法が使えるからといって別の方法も同じように使えるかというと、必ずしもそうではない。

妥当性の判断という行為をするには、どういう方法があるのだろうか。あたえられた推論を凝視して、それが妥当かどうか直感的に決める、という方法はどうだろう。それは一つの方法ではあるが、意識的に使う方法としては役に立たない。「直感的に決める」というのは、「どうやって決めるのか意識的にはわからないが、とにかく決める」というくらいの意味だからである。そのうえ、直感的に決めた結果が正しいかどうかの保証がない。保証がある方法はないのだろうか。

ここで演繹という方法の出番がくるのである。仮定から結論を演繹できれば、まちがいなく妥当性が保証される（健全性）。かつ、妥当な推論ならばどれでも、仮定から結論を演繹できる（完全性）。

3　思考無用

というわけで、妥当性の判断には、形而上学的な論争からは独立の、完全に中立な方法が求められる。そのような方法の一端を担うのが、いままでみてきた推論ルールの集合Rの健全性と完全性である。あたえられた推論がもし妥当ならば、Rを使った、その推論の仮定から結論を導き出す演繹がある。推論の仮定の数は有限であり、Rのメンバーである推論ルールは、各々その適用結果が有限なので、推論の仮定からはじめて、有限のステップを経て、その演繹の終わりにたどり着くことができる。つまり、（仮定の数が有限の）妥当な推論は、それが妥当だということを有限のステップをもって決定することができる。

ここで重要なのは、「真とは何か」、「偽とは何か」、「可能世界とは何か」などといった形而上学的・概念的にやっかいな問いとちがって、「Rを使った演繹とは何か」という問いには、疑いの余地のない明確な答えがあたえられているということなのである。その答えとは、「あたえられた推論の仮定と、先行する文からRのメンバーである推論ルールによって導き出される文のみから成る文の列」である。

任意の文と任意の推論が紙に明確に書かれてあたえられた場合、その文がその推論の仮定かどうか、結論かどうか、ということは思考過程なしでも判断できる。文字と記号の形さえ認識・比較できればいい。そのような認識と比較をする場合、じっさいわたしたちは思考過程を経ているが、そうする必要は原理的にはない。紙に明確に書かれた形を識別できるメカニズムを持つ機械ならできることである。

さらに、ある文が他の文からRのメンバーの推論ルールによって導き出されうるかどうかも、同じように、簡単なメカニズムの機械が判断できる。Rに属するルールそのものが、そのような判断を許す「機械的な」ルールだからである。

「機械的な」という言葉はいくつかの異なった意味で使われうるが、ここでは「機械的な方法」を「考えないで使える方法」というくらいの意味で使っている。「考える」とはどういうことかを正確に定義することはできないので、「機械的な方法」を正確に定義することはできないが、機械的な方法の簡単な例をみたり、機械的な方法ではない方法と対比することによって、どういう概念かをうまく把握することはできる。

機械的な方法の一番あきらかな特徴は、いくつかの独立なステップから成るということである。たとえば、長い紙テープを想像してみよう。そのテープの表面は1センチメートルごとのコマに区切られていて、一つ一つのコマには「⌘」という記号が描かれているか、あるいは何も描かれていなくて白紙か、どちらかだとする。さて、このテープにかんしてあたえられうる、つぎのような指図を考えてみよう。

（3）目下のコマに「⌘」が描かれていれば、それを消して二コマ左へ進め。
（4）目下のコマに何も描かれていなければ、「⌘」を描いて三コマ左へ進め。
（5）目下のコマに「⌘」が描かれていれば、そのままにして四コマ右へ進め。
（6）目下のコマに何も描かれていなければ、そのままにして止まれ。

このような単純明快な指図にしたがうことは、一つのコマに「⌘」が描かれているか否かが判断でき、描かれていればそれを消したり、そのままにすることができ、かつ左右に指定されたコマ数だけ移動できる、という能力を持つ者（物）ならば誰（何）にでもできる。そういう能力は思考能力を仮定しなくても可能なので、そのような者（物）にできることは「機械的な」ことなのである。

（3）〜（6）のような機械的指図のもう一つの重要な特性は、「有限だ」ということである。各々の指図にしたがっておこなわれる操作が有限の時間しかかからないので、そのような指図にしたがっておこなわれる操作を有限回繰り返してもかぎられた時間内に終わるという保証がある。そのように、機械的な指図に有限回したがうことによって有限時間内に決められるようなことがらのことを、「実効的に決定可能」なことがらであるという。

ここで重要なのは、Ｒに属する推論ルールは（3）〜（6）のような有限で機械的な指図として書き換えることができるということである。推論ルールの適用は、右のような有限で機械的な指図のみを有限回使ってできるということだ。つまり、妥当な推論の結論を仮定から導き出すという作業は実効的に決定可能なことなのである。真理とは何か、可能世界とは何か、などという問題に直面する必要がないのみならず、思考能力さえ求めない単純明瞭な有限の機械的操作を有限回繰り返すことによってRによる演繹を完了することができる、というわけだ。

ということは、あたえられた任意の推論が妥当かどうかが「機械的な」方法で有限なかたちで決定可能だ、ということなのだろうか。いや、残念ながら、そういうことではない。

第 6 章
決定不可能

あたえられた推論が妥当であるかぎり、その推論の仮定から結論を機械的に有限時間内に導き出すことができるが、もし推論が妥当でなければ、仮定から結論への演繹がそもそも存在しない。健全性がそれを保証する。では、そういう演繹が存在しないということの証明(非存在の証明)はできるのだろうか。論理学においてのみならず、一般に非存在の証明はむずかしい。

わたしに弟がいないということを、あなたは証明できるか。証明するにはどうすればいいのだろうか。たぶん、まず、わたしの親に聞くだろう。「いない」という答えが返ってくれば、それが証明になるのか。いや、ならない。その答えが真だという保証がいるからだ。その保証はどこから得られるのだろう。市役所へ行って、わたしの戸籍謄本を確認すればいいのだろうか。ふつうの目的にはそれで十分だろうが、哲学の議論では不十分だ。戸籍謄本を作った役人が記入しまちがえたという可能性が残っているし、そもそも親が出生届をしなかったという可能性も排除されていない。地球上の人々のＤＮＡを採集して、わたしのＤＮＡとくらべるというのはどうだろう。だめである。地球上の人々すべてを調べた、という証明がないからだ。すべての人々を調べたということの証明は、調べてない人はいないということの証明、すなわち非存在の証明にほかならないので、わたしに弟がいないという当初の非存在の証明と同じ種類の困難さがつきまとうのである。

とはいえ、地球は有限で地球上の人々も有限なので、膨大な費用と人材をつぎ込んで綿密な調査をすれば、地球上のすべての人々のＤＮＡをわたしのそれとくらべることは原理的にできないことはない。それとは対照的に、演繹の非存在を証明するのは格段にむずかしい。有限性がないからである。どういうことかというと、推論の仮定からはじめて、Rを使って色々な文を導き出していく過程が、ある特定の有限の時間内に終わらないからといって、結論を導き出すことは不可能だということにはならないのである。その有限の時間よりもうあと数分続けて、さらなる文を考慮したら演繹が完結するかもしれない。しないという保証はない。文の数は無限なので、有限の時間内にそれらすべてを調べることはできない。

有限の時間内に無限に多くの文を調べることはできる、という読者がいるかもしれない。たとえば、最初の4分で一つの文を調べ、つぎの2分でもう一つの文を調べ、つぎの1分で別の文を一つ調べ、つぎの30秒でさらに別の文を一つ調べ、という具合に、費やす時間をそのたびに半分にしながら文を一つずつ調べていけば、8分で無限に多い文を調べ終えることができる。しかも、いかなる文についても、それを調べるのにかかる時間はゼロでない有限の長さを持つ。

こういう読者の論点は、おもしろいが一つ穴がある。それは、そういうふうに有限の時間内で無限数の文を調べるには、無限数の調べが必要だということである。時間だろうが空間だろうが、有限の領域内に無限数の行為をつめこむこと自体は数学的には不可能ではない。ただ、それは実効的に決定可能な手立てではないのである。8分に近づけば近づくほど文を調べる速さが増し、光速はおろか、任意のスピードについて、それより速く調べられねばならない文が(無数に)出てくる、ということに気がつけば、これが演繹の存在・不存在についての決定手段としては不適格だということがわかる。一つ一つの調べが有限でも、それを無限回しなければならないので、実効的に決定可能な手段ではないのである。

妥当な推論は妥当だと決定できるという保証があるが、妥当でない推論は妥当でないと決定できるという保証はない。これが論理の決定不可能性である。

「この推論は妥当か」という問いに正しい答えを出すという保証がある推論ルールの体系はない。「誰にも好きな人はいる。ゆえに、あなたはわたしが好きだ」は妥当な推論ではないが、その仮定からその結論を導き出す演繹がないということは、実効的に決定可能なやり方では決定できない。たとえば、背理法を使った演繹をしようとすると、つぎのように、永遠に続いて終わりがない。

（1）誰にも好きな人はいる。（仮定）
（2）あなたは、わたしが好きでないとしよう。（結論の否定）
（3）あなたには好きな人がいる。
（4）あなたはａが好きだ。
（5）ａには好きな人がいる。
（6）ａはｂが好きだ。
（7）ｂには好きな人がいる。
（8）ｂはｃが好きだ。

（3）は（1）から導き出される。（3）によるとあなたには好きな人がいるので、その人を「ａ」と呼ぶことにすれば(4)が得られる。(4)は(3)から導き出されているので、「a」は「わたし」という、すでに話題に上っている特定の人物をさす名詞で置き換えることはできない。(3)は、そのような特定の人物のことをあなたが好きだといっているわけではないからだ。同様に、「b」や「c」も「わたし」で置き換えることはできない(相互に置き換えることもできない)。なので、(2)と矛盾する文を導き出すことができない。そのいっぽう、新たな名前が次々に導入されるという過程に終わりがないので、この未完の演繹は永遠に続く。

もちろん、このパターンを把握すれば、この演繹は(2)と矛盾する文が導き出されないまま果てしなく続くということがわかるのだが、それは、わたしたちがこの演繹をみて考えてわかることであって、実効的に決定可能なプロセスによって生み出される結果ではない。

ここで言及に値するのは、「好きだ」のような「二項述語」なしにはこのような事態は起きない、ということである。「好きだ」は「( )が( )を好きだ」という、二つの「( )」をふくむという意味で「二項述語」と呼ばれるわけだが、二項述語には、ほかにも「( )は( )より背が高い」や「( )は( )の母親だ」など色々ある。それに対して、「( )は女性だ」、「( )は笑う」、「( )は天体だ」などは「( )」が一つしかないので「一項述語」と呼ばれる。二項述語、三項述語、四項述語など多項述語が一つもなく一項述語のみを擁する言語で述べられる推論は、もし妥当でないならば、妥当でないということが実効的に決定可能な方法でわかるのである。つまり、多項述語がない推論は妥当か妥当でないかを実効的に決定可能なやり方で判断することができる、すなわち、そのような推論にかんするかぎり論理は実効的に決定可能だということだ。

「だからどうだというのだ」と聞きたい読者がいるかもしれない。もっともな質問である。一項述語と多項述語のこのちがいは、論理学におけるテクニカルなちがいという以上の意味があるのだろうか。「ある」という立場を理解するために、哲学史上よく出てくる「一元論」と「多元論」の区別の話をしよう。

リアリティーは非常に多くの実体から成っている。ペン、机、建物、人間、ミジンコ、樹木、星、電子など、羅列しはじめたらきりがない。これらの実体は大きく二種類に分けることができると主張するのが二元論である。たとえば、物理的実体(物体)と心理的実体(心)という二種類に分けることができると主張するのは、「デカルト的二元論」という立場である。二種類でなく三種類あると主張すれば、それは三元論になる。物体と心に加えて、数や性質や命題など、空間内にも時間内にもない「抽象物」をリアリティーの一部として認める立場が三元論の一例だ。さらに、四元論、五元論など、原理的には「元」の数に上限はない。二元論以上の「元論」を一緒くたにして「多元論」と呼ぶ。

それに対して、リアリティーは物質のみから成っているという唯物論や、リアリティーは心のみから成っているという唯心論は、ともに、たった一つの種類の実体しか認めないという意味で一元論である。リアリティーは抽象物のみから成っているという立場も、唯物論や唯心論ほど人気はないにしても一元論であることに変わりはない。

さて、色々なバラエティーがある一元論のなかで特に風変わりなのが、リアリティーはただ一つの実体から成っているという主張である。「ただ一つの種類の実体」ではなく「ただ一つの実体」

といっていることに注意しよう。

リアリティーにただ一つの実体しかなければ、リアリティーにはただ一つの種類の実体しかない。これは、あきらかだ。しかし、ただ一つの種類の実体しかないからといって、ただ一つの実体しかないということにはならない。ちょうど、冷蔵庫にアボカドしかないからといって、アボカドが一つしかないということにはならないのと同じだ。アボカドは一定の数でなくてもいい。たとえ百個つまっていたとしても、アボカド以外のものがなければ、冷蔵庫にあるものはたった一種類であることに変わりはない。

リアリティーはたった一つの実体から成っているという主張は、冷蔵庫にたった一つのアボカドしかないという主張に匹敵する、非常に極端な主張なのである。この極端な主張を「単体論」と呼ぼう。単体論によれば、リアリティーを完全に記述するには、ただ一つ存在する実体を完全に記述すればいい。もちろん、そのような記述に使う述語はすべて「(　)はこれこれだ」という形の述語、すなわち一項述語であり、それ以外の述語、多項述語はいらない。ということは、すべての推論が妥当かどうかという問題は有限な機械的方法で有限時間内に決定可能だということになる。

だが、推論の妥当性・非妥当性は実効的に決定可能だ、という含意を持つのは単体論にかぎられるのだろうか。推論の妥当性・非妥当性の実効的決定可能性を確保するために、あまりにも極論である単体論が必要だとしたら、それは、推論の妥当性・非妥当性の実効的決定可能性がほしいと思う人を安心させることにはならないだろう。じつは、単体論なしでも推論の妥当性・非妥当性の実効的決定可能性を得ることはできる。

単体論が推論の妥当性・非妥当性の実効的決定可能性を含意する理由は、リアリティーにたった一つの実体しか認めないからではなくて、リアリティーを完全に記述するのに多項述語はいらないという帰結を生むからである。とすれば、多数の実体を認めたとしても、それらを完全に記述するのに多項述語はいらないと主張する立場をとれば、推論の妥当性・非妥当性の実効的決定可能性が得られる。たとえ多数ある実体を記述するのに多項述語を使ったとしても、そういう多項述語の使用は何らかのかたちで一項述語の使用で置き換えることができる、と主張すればいいのである。それは、「すべての多項述語は一項述語に還元することができる」という主張であり、それを言葉についてではなくリアリティーについての主張としていい換えれば、「すべての関係は性質に還元されうる」となる。単体論者でない一元論者のみならず、多元論者でさえ、一項述語への多項述語の還元可能性(たとえば、多項述語は一項述語によって定義できるという可能性)を受け入れるかぎり、推論の妥当性・非妥当性の実効的決定可能性を裏づけることができるのである。

もちろん、それに対して、そのような決定可能性に懐疑的な論客からみれば、一項述語への多項述語の還元可能性を主張する立場は、小説『カンディード』でヴォルテールが揶揄した登場人物パングロス博士のような、過度な楽天主義に染まった哲学者でなければとうてい受け入れられない極論だということになろう。一項述語に還元できない多項述語があると主張する論客によると、リアリティーを完全に記述するには一項述語のみならず多項述語も必要だということになるので、すべての推論の妥当性・非妥当性が実効的に決定可能だという保証はなくなる。

第7章
造　反

これまでの検討で大前提として受け入れてきた主張が二つある。

一つは、結論が仮定から演繹によって導き出されるような推論が少なくとも一つあるという主張である。これはあまりにも自然に受け入れやすい主張なので、ここまで特に論議の的にすることはなく、暗黙裡に受け入れてきた。しかし驚いたことに、この主張に反対する意見があるのである。本章1節で、その反対意見について吟味しよう。

もう一つの主張は、いかなる文も真か偽かどちらかであり、両方ではないという主張である。これについてはすでに反対意見を検討し、その反対意見をある程度批判したが、さらなる反論を本章2〜5節で検討することにしよう。

1 仮定とルール

まず、仮定から結論が演繹によって導き出されるような推論が少なくとも一つある、という主張への反論である。この反論は尋常ではない。いかなる推論においても仮定から結論を導き出すことはできない、といっているのであるから。たとえば、つぎの推論を例にとろう。

(1) カブトガニは、タキプレウス・トリデンタートゥスである。

（2）カブトガニは、あなたのお気に入りの動物である。
ゆえに、
（3）タキプレウス・トリデンタートゥスは、あなたのお気に入りの動物である。

この推論はあきらかに妥当で、結論はあきらかに二つの仮定から演繹によって導き出すことができるように思われる。内容を無視して形だけを抽出すれば、こうなる。

（1）A＝B
（2）Aはgである。
ゆえに、
（3）Bはgである。

この推論形が妥当で、（3）が（1）と（2）から導き出されるということに反論の余地はないように思われる。だがしかし、反論があるのだ。それは、こういう反論である。

（1）と（2）から（3）が導き出せると思うのは、つぎの（4）をもう一つの仮定として暗黙裡に想定しているからである。

（4） A＝BかつAがgならば、Bはgである。

すなわち、

（4） （1）かつ（2）ならば、（3）である。

では、（1）と（2）と（4）から（3）を導き出せるのか。いや、導き出せない。なぜなら、つぎの（5）をさらなる仮定として想定する必要があるからである。

（5） （1）かつ（2）かつ（4）ならば、（3）である。

もちろん、これで終わりではない。（6）も、もう一つのさらなる仮定として想定しなければならない。

（6） （1）かつ（2）かつ（4）かつ（5）ならば、（3）である。

このようにして、暗黙裡に想定する必要がある仮定はかぎりなく続く。よって、わたしたちが（3）を演繹によって導き出すことができるには至らない。

この議論は、あきらかに一般化が可能である。一見妥当にみえるいかなる推論も、この議論の的になる。仮定（a）から結論（b）が導き出せるという主張に対し、（a）に加えて「（a）が真ならば（b）も真である」という旨の仮定がいる、という反論が可能である。

しかしながら、これは、いかなる推論においても仮定から結論を導き出すことはできない、ということの証明になっているだろうか。もしなっているとしたら、どんな仮定からもいかなる結論も演繹できず、すべての推論が妥当でないことになる。これは、論理の破綻を意味する。そして、「人間は理性的な（すなわち、推論する）動物だ」というアリストテレスの格言が正しければ、人間は悲劇的な動物であるのみならず、いままで生きのびてきたことが驚嘆すべきことになる。まして、地球の陸地の大部分を制覇できたということは奇跡的だといわねばならなくなる。

さらに、もしこの反論が正しくて、いかなる推論においても仮定から結論を導き出すことができないのならば、この反論そのものの結論も導き出せないことになるのではないか。だとすれば、この反論は自己論駁的であり、とうてい受け入れられないものだということになる。

幸いなことに、この反論が、いかなる推論においても仮定から結論を導き出すことはできないということの証明に成功してはいない、ということを示すのはむずかしくない。重要な区別を一つつけるだけでいいのである。それは仮定と推論ルールの区別である。簡単にいえば、仮定が推論の出発点であるのに対し、推論ルールは、その出発点から目的地までたどり着く手順なのだ、という区別である。第4章3節で手短にみたように、推論するにあたって仮定を書きだすという行為は、将棋を打つにあたって将棋盤にコマを並べるという行為に対応する。書きだした仮定から新しい文を導き出すという行為を可能にするのが推論ルールであり、それは将棋のコマを動かすという行為を可能にするコマの動かし方のルールに対応する。どのコマはどのように動かせるかというルールなしでは将棋は成り立たない。同じように、推論ルールなしでは推論は成り立たない。最初に並べられたコマの配置だけでは将棋のゲームにならないように、仮定だけでは推論にはならない。コマの配置の変遷が将棋の本質であるように、仮定から結論へたどり着く道のりが推論の本質なのである。

(1)と(2)から(3)を導き出すために(4)が必要だ、というのはそのとおりだが、(4)が新たな仮定だとするのは、まちがいである。(4)は推論ルールを述べているのであって、(1)と(2)に並ぶもう一つの仮定なのではない。桂馬の動かし方のルールを記述する文を、最初に並べられた桂馬の配置と混同する人はいまい。文とコマの配置というのは、あきらかに形而上学的カテゴリーがちがうので、将棋の場合そのような混同はまず起きない。それにくらべて論理においては、仮定と推論ルールが両方とも文によってあたえられるので、区別するのにそれなりの論理的感受性と思考がいる。だが、いったん指摘されれば、仮定と推論ルールをふたたび混同することはないだろう。こうして、めでたくも、いかなる推論においても仮定から結論を導き出すことはできないなどという、とてつもないナンセンスを回避することができる。

2　第三の真理値

つぎは、いかなる文も真か偽かどちらかでなければならず両方ではいけない、という主張である。この主張を拒否する動きを詳しく考察しよう。

まず、「いかなる文も、真か偽かどちらかだ」という主張からはじめる。この主張は「排中律」と呼ばれるが、排中律を否定する「TとFという二つの真理値のほかにも真理値がある」という立場をみよう。たとえば、TとF以外にもう一つUという真理値がある、という立場がある(第3章6節では「N」という文字を使ったが、ここではフレッシュな考察を新たにはじめるという意味であえて別の文字を使うことにする)。ある文の真理値はTであり、ある文の真理値はFであり、さらにある文の真理値はUである、というわけだ。

いったいどういう理由で、そのようなことを主張しようと思うのだろうか。それを理解するために、まず、その主張の理由にならない例を二つみてみよう。

(7) (7)は無意味である。

この文(7)が真だとしたら、(7)は無意味なので、無意味な文が真だということになる。それはナンセンスなので、(7)は真ではない。よって(7)は偽である。(7)は無意味ではない。ちゃんと意味があり、その意味するところは偽なのである。(7)が偽だということから、奇妙なことは何も帰結しない。ゆえに、(7)の真理値はFである。TとF以外の第三の真理値を認める必要はない。

(8) (8)は述べることができないことを述べている。

この文(8)が真だとしたら、(8)は述べることができないことを述べているので、述べることができないことが述べられうるということになる。それはナンセンスなので、(8)は真ではない。よって(8)は偽である。(8)は、述べることができないことを述べてはいない。「(8)は述べることができないことを述べている」という述べられうることを、ちゃんと述べているのであり、その述べられていることは偽なのである。(8)が偽だということから、奇妙なことは何も帰結しない。ゆえに、(8)の真理値はFである。TとF以外の第三の真理値を認める必要はない。

さて、つぎにみる文は、この二つの文とは決定的にちがう。この文は第三の真理値を認めざるをえなくさせる、という旨の議論があるのである。

つぎの文(9)をみよ。

(9)　(9)は偽である。

仮に(9)が真だとしよう。ならば(9)がいっていることは正しい。ということは、(9)は(9)が偽だといっているので、(9)が偽だということは正しい、すなわち、(9)は偽だということになる。つまり、(9)が真だとすると、(9)は真であり、かつ偽である。だが、真であり、かつ偽だというのは不可能だ。ゆえに背理法により、(9)は真ではない、すなわち偽である。だが、(9)が偽ならば、(9)がいっていることは正しくない。ということは、(9)は(9)が偽だといっているので、(9)が偽だということは正しくない、すなわち、(9)は偽ではないということになる。ゆえに(9)は真である。

だが、(9)が真ならば、…

この議論によると、(9)は、真ならば偽、偽ならば真、という奇妙奇天烈な文だということになる。このパラドックス(いわゆる「嘘つきのパラドックス」)を避けるためには、どうすればいいか。この議論の真ん中にある「(9)は真ではない、すなわち偽である」という部分に注意を向けよう。これは、あきらかに議論のかなめになる部分なので、否定すれば議論は途切れる。よって、「(9)は真か偽か、どちらかである」という暗黙の大前提である排中律を拒否すればパラドックスは回避できる。つまり、(9)の真理値は**T**と**F**だけではない、すなわち、少なくとももう一つ別の真理値がある、と主張すればいいのである。

ボーナスとして、議論の最後の「(9)は偽ではない、すなわち真である」という部分も否定できるので、議論のかなめを一つだけではなく二つ批判することができることになる。

だが、**T**でも**F**でもない真理値(**U**)とは、いったいどういう真理値なのだろうか。文の真理値が**U**だということとは、その文についていったい何をいっていることになるのだろうか。「真(true)でも偽(false)でもないということだ」といわれても、すべての文は真か偽かどちらかだという大前提に慣れ切っている人の理解の助けにはならない。

そういう人のために、「真か偽かわからない(unknown)」ということだ、という説明がなされることがしばしばある。だがしかし、この説明はおかどちがいであり、これで納得のいく人は「真理値」を誤解しているといわねばならない。「文Sが真か偽かわからない」は、「Sが真だ」も「Sが偽だ」も排除しない。つまり、UはTとFに対抗して横に並ぶもう一つの真理値ではないのである。そうではなく、Sがどの真理値を持つかについての知識の欠如の表示にすぎないのである。そういう表示に対抗して横に並ぶのは真理値の表示ではなく、Sがどの真理値を持つかについての知識の存在をあらわす「K(known)」とでも書ける表示だろう。TとFが真理値で、KとUが真理値についての知識のあるなしを示す「認識値」と呼べる値だといってもいい。真理値は認識値ではないし、認識値は真理値ではない。認識値の存在を容認することは、排中律を否定することにはならない。二つの真理値と二つの認識値が共存し、かつ排中律が成り立つということは十分可能である。

「U」の解釈として、もう一つ別の考え方がある。それは、「真理値がない」という意味だと解釈しようという考えである。この考えによると、嘘つきのパラドックスは「すべての文には真理値がある」という暗黙の前提のうえに成り立っているが、この前提を受け入れる理由はないというわけだ。しかしながら、これは、嘘つきのパラドックスを解決する一つの手立てとしては考慮に値するかもしれないが、排中律を否定するための主張としては歯切れがわるい。なぜなら、「真理値を持つ文なら、いかなる文も真か偽かどちらかである」と定式し直された排中律を否定する役には立たないからだ。「真理値にはTとFがあり、それ以外はない(よって真理値がある文は真か偽以外ではありえない)」という旨の排中律は生きのびるのである。

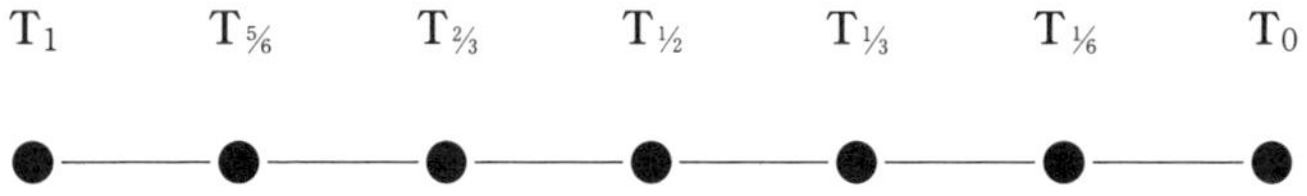

3 真理の程度

文を、ただ単に真だとか、ただ単に偽だとかいうのはまちがっている、という立場がある。真だとか偽だとかいうのは「あれかこれか」という二択の問題ではなく、無限の値をとる、程度問題だという立場である。これまで「F」と「T」と呼ばれてきた二つの真理値を「T_0」と「T_1」と改名し、そのあいだに「$T_{1/3}$」と「$T_{2/3}$」と呼ばれる中間の真理値を設立し、さらに、そのあいだの適切な位置に「$T_{1/6}$」と「$T_{5/6}$」も挿入して、上のようなリニアに並べられた真理値群を作ってみよう。

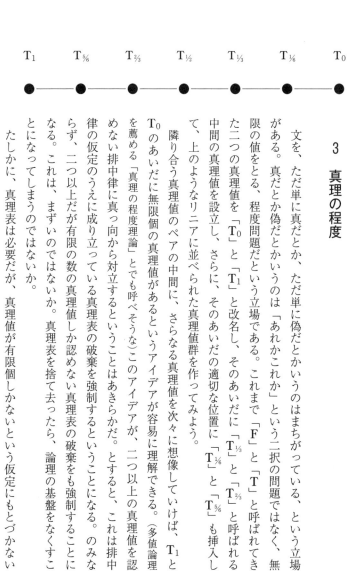

隣り合う真理値のペアの中間に、さらなる真理値を次々に想像していけば、T_1とT_0のあいだに無限個の真理値があるというアイデアが容易に理解できる。(多値論理を薦める「真理の程度理論」とでも呼べそうな)このアイデアが、二つ以上の真理値を認めない排中律に真っ向から対立するということはあきらかだ。とすると、これは排中律の仮定のうえに成り立っている真理表の破棄を強制するということになる。のみならず、二つ以上だが有限の数の真理値しか認めない真理表の破棄をも強制することになる。これは、まずいのではないか。真理表を捨て去ったら、論理の基盤をなくすことになってしまうのではないか。

たしかに、真理表は必要だが、真理値が有限個しかないという仮定にもとづかない

p	q	p かつ q
p	**q**	Min(**p**, **q**)

p	q	p または q
p	**q**	Max(**p**, **q**)

p	p ではない
p	1 − **p**

真理表が可能ならば、真理の程度理論に希望は残る。たとえば、pとqの真理の程度の値をそれぞれ**p**と**q**とし、任意の値のペアの小さいほうを選ぶ関数をMin、大きいほうを選ぶ関数をMaxとすると、上のような真理表はどうだろう。

このような真理表は整合的であり、「かつ」、「または」、「ではない」の日常的な用法にも反しない（仮言「ならば」の真理表がどうなるかは読者の想像（創造？）にまかせる）。よって、真理表の必要性による反論は当たらない。

もちろん、だからといって真理の程度理論に反論がないわけではない。じっさいのところ概念的な反論がある。すなわち、「そもそも真理の程度とはどういうことなのか」という問いへの満足のいく答えがない、という反論である。

たとえば、$\mathbf{T}_{1/3}$という真理値をとってみよう。あたえられた文がこの真理値を持つというのは、いったいどういうことなのだろうか。三分の一だけ真だということだ、といわれるかもしれない。だが「三分の一だけ真」とはどういう意味なのだろうか。たとえば、「ユリコはキクオの母親だ」という文が三分の一だけ真である、とはどういうことか。ユリコは三分の一だけキクオの母親だ、というのは意味をなさないように思われる。たとえば、ユリコがキクオの親だが母親ではなく父親だとしたら、「ユリコはキクオの母親だ」は三分の一真なのではなく、完全に偽だというべきだろう。父親であることは、三分の一母親であることではない。また、ユリコがキクオの義母または里親だったとしても、それは三分の一母親であるということにはならない。ここで意図されている

「母親」の意味は生物学的な意味――「卵子の提供者」くらいの意味――なので、義母や里親は母親とはみなされないし、三分の一だけ卵子の提供者だ、というのは意味不明である。

だがここで、「いや、それは例文の選択に問題があるのであって、真理の程度理論に問題があるのではない」と主張することができるかもしれない。「ユリコはキクオの母親だ」のような文はT_0かT_1かどちらかの真理値しかとれないが、だからといって、すべての文がそうだというわけではない。排中律を否定するためには、すべての文がT_0とT_1のあいだの任意の真理値をとりうると主張する必要はない。そういう文が少なくとも一つあると主張するだけで十分である。そして、そのような文は一つどころか多数ある、という主張には説得力があるかもしれない。

たとえば、第3章6節に出てきたハゲの例をとって「キクオはハゲている」という文について考えてみよう。この文は真か偽かと問われたら、それは程度問題であってキクオの頭部の毛髪の太さと生え具合による、と答えるのが正しいだろう。そして、毛髪の太さや生え具合というのは程度問題である。程度問題であるその二つの因子がいわば重なり合った結果が、キクオがどのくらいハゲているのかを決める。キクオがハゲているかどうかは、あきらかに程度の問題である。その程度が25%だったら「キクオはハゲている」の真理値は$T_{1/4}$で、75%だったら$T_{3/4}$だ、というのは論外ではないように思われる。これがたしかならば、「ハゲている」のほかにも曖昧な性質をあらわす述語は数多くあるので、中間的な真理値が持てる文は数多くあることになる。つまり、曖昧性の存在と文による曖昧性の表現可能性は排中律を駆逐するということになる。

排中律に対するこの反論は、かなり説得力があるといわねばならない。にもかかわらず、万人を説得しているとはいえないのだ。排中律を保護しつつ曖昧性をきちんと説明することができる、と主張する哲学者が少なからずいるからである。そういう哲学者の立場は「曖昧性の認識説」と呼ぶことができる。この説によると、キクオはハゲているかハゲていないかどちらかであって、どっちつかずの中間的状態にはない。毛髪豊かであきらかにハゲていない人からはじめて、毛髪がまったくない完全にハゲの人まで、世界中の人々を毛髪の太さと生え具合の度合いによって順番に並べたとしよう。そしてキクオは、その長い列の真ん中あたりに位置するとしよう。曖昧性の認識説によると、ハゲでない人々とハゲである人々のあいだには確固たる一線が存在する、つまり、この長い列のどこかに境界線が存在し、その境界線の片側に位置する人々は一人もハゲではなく、他方の側に位置する人々はすべてハゲである。しかし、その境界線がじっさいどこにあるのか、わたしたちには原理的にわからない、すなわち原理的に認識不可能である。もしキクオがその境界線の「非ハゲ」側に位置するのならば、キクオはハゲてはいない。もし「ハゲ」側に位置するならば、ハゲている。だが、わたしたちには、どちらかわからない。原理的にわかりえない。

曖昧性はじっさいには客観的に存在するのではなく、わたしたちの認識の限界から生起する主観的な現象以外の何物でもない、というこの曖昧性の認識説を受け入れれば、たしかに排中律は破棄しなくてもいい。認識説は、「ハゲている」とか「赤い」とか「ぬるい」とか個々の曖昧な述語にそれぞれ場当たり的に対処するのではなく、すべての曖昧な述語を共通の仕方でまとめて一度に処理する。リアリティーにおいてはすべてが確定しており、曖昧性のはいる余地はない。そのリアリティーにかんするわたしたちの認識能力は原理的にかぎられていて、曖昧性の現象はすべてその認識的限界のあらわれにすぎない、と主張するのである。

だが、データが乏しいとか偶発的な状況にじゃまされてたまたま認識できない境界線ではなく、原理的に認識不可能であるような境界線が存在するという根拠は何か。そもそもリアリティーは曖昧ではないとハナから仮定することなく、そのような根拠を示すことはできるのだろうか。もしできないとしたら、リアリティーが曖昧でないとする理由を問わねばならないだろう。そして、その理由が、リアリティーを記述する文が排中律にしたがうからだということだとしたら、曖昧性の認識説に頼って排中律を擁護するのは、論点先取の過ちを犯すことになってしまう。そのような過ちを犯さずに、リアリティーは曖昧ではないという立場をとることは可能だろうか。

「可能だ」という哲学者がいる。そういう哲学者によると、認識説がリアリティーの非曖昧性を論点先取せずに理由づけられないとしたら、それは、わたしたちの認識能力の限界を理由づけられないからであり、認識能力の限界をちゃんと理由づけられれば、リアリティーの非曖昧性を論点先取せず理由づけられる。そして、認識能力の限界はちゃんと理由づけられるのである。言語の意味の正確性の限界を持ちだして理由づければいいのだ。

ハゲ性と非ハゲ性の境界線がわからないのは、リアリティーに客観的に成立している事実がミステリアスにわたしたちから隠されているわけではなく、「ハゲ」という述語によって正確に何を意味するかについてわたしたちの決断が欠けているからだ、とすればいいのだ。

このような立場は「曖昧性の意味説」と呼ばれ、ハゲている人々とハゲていない人々のあいだの境界線がうやむやなのは、「ハゲ」という言葉の意味そのものがうやむやだからである、と主張する立場である。ここで、言葉の意味のうやむや性がいかにして生まれ出るのか、という問いが自然に頭に浮かぶだろうが、曖昧性の意味説の擁護者はその問いに答える必要はない。「ハゲ」のように曖昧だとされる言葉の意味がうやむやだということは不可能ではない、ということを示せばいい。そして、それを示すのはそれほどむずかしくはない。

言葉の意味は、大まかにいって、その言葉を使う言語使用者たちの心理的・社会的・歴史的な性質と関係によって決まる。それ以外に決定要因がみつからない。だが、心理的・社会的・歴史的な性質と関係は、往々にしてうやむやなものだ。うやむやな要因によって決定されるものが、うやむやなのは驚くに値しない。

「ハゲ」という言葉が何を意味するかについての知識は、先天的なものではない。新生児は、「ハゲ」という言葉の意味を知らない。日本語を習得する過程のどこかで「ハゲ」という言葉の意味を知ることになるのだが、そもそもそれがいつなのか正確には決められない。ひいおじいさんの頭髪がほとんどないのをみたとき、それが「ハゲ」だといわれて「ハゲ」という言葉の意味がわかったことになるのだろうか。たぶん、ならないだろう。「ひいおじいさんの頭」、「ひいおじいさんの頭髪」、「ひいおじいさんの頭に似た頭」、「ひいおじいさんの頭髪のような頭髪」、「しわの多い人の頭」、「しわの多い人の頭髪」、「(自分の前にいる)この特定のしわの多い人の頭髪のような頭髪」など、「ハゲ」とはちがう意味に解釈してしまう可能性は無視できない。

そういう解釈ではなく、「(自分の前に提示されている)この頭髪のような頭髪を持つ状態」という、かなり「ハゲ」に近い意味に解釈したとしても、「のような」という部分にうやむや性が残る。白髪だったら「この頭髪のよう」なのか。頭髪のほとんどがみえなかったら「この頭髪のよう」なのか。完璧に剃りあげた坊主頭をハゲ頭と混同しないという保証はない。

たとえ「毛髪が細いか、生え具合がまばらか、またはその両方」という意味だと「ハゲ」を解釈したとしても、毛髪の細さや生え具合のまばらさは、うやむやなことがらである。たとえば「直径70ミクロンの毛髪は細い」とか「頭皮全体に5万本しか生えていないのはまばら」とはいい切れないし、直径70ミクロンの毛髪が10万本生えていたら、あるいは直径130ミクロンの毛髪が5万本生えていたら、たぶんハゲではないだろう。たとえ直径70ミクロンの毛髪が5万本しか生えていなくても、「あきらかにハゲ」とはいえないかもしれない。

別の例をとれば、「ぬるい」という形容詞には確定的な意味がある、という主張は受け入れがたい。45度のお湯はぬるいだろうか。入浴のためではなく玉露をたてるためだとしても、46度はぬるくなく45度はぬるい、といい切るのは乱暴である。

というわけで、曖昧性の意味説は、かなり説得力があるといわねばならない。曖昧性の認識説が必要とするわたしたちの認識能力の限界を、言語の意味論的現象として説明できるいっぽう、認識説が設定する、原理的に認識不可能だというミステリアスな境界線の存在を不要にするという利点がある。こうして、曖昧さを擁する文が持てる真理値は二つ以上ある、すなわち、曖昧さを擁する文に排中律は当てはまらない、という主張は擁護可能のように思われる。

これに満足せず、排中律をすべての文について否定したい人がいるとすれば、そういう人に残された道が一つあるかもしれない。それは確率の概念を持ちだすというアイデアである。たとえば、

「ユリコはキクオの母親だ」という文が四分の一だけ真だということは、ユリコがキクオの母親であることの確率が25%だということにほかならない、と主張するのである。確率は0と1のあいだの無数の値をとれるので、確率の値を真理値と解釈すれば排中律が否定できる。

だが、ここで問題なのは「確率の値を真理値と解釈すれば」という部分である。親権について法的な争いが起こり、ユリコがキクオの母親である確率を決定しなければならなくなって、二人のDNAを採取し比較したとする。そして、その比較の結果得られた確率の値が25%だとしたら、そしてその値が信頼できるものだとしたら、それは「ユリコはキクオの母親だ」という文が25%だけ真だということになるのだろうか。もしそうなるのだとしたら、ユリコが25%だけキクオの母親だということになるのだろうが、それはナンセンスである。「25%だけ母親」は解釈しようがない（ここでは生物学的な意味での「母親」が問題になっているということを忘れるべからず）。この例における確率の値は、真理の度合いではなく、特定の彗星が地球に衝突する確率の値のように、わたしたちの知識の正当化の度合いだと解釈するべきだろう。電子の行動など量子物理における確率はそうではなく、リアリティーに内在する不確定性の度合いなのかもしれないが、ユリコやキクオや彼女らのDNAといったマクロの実体については、（何らかのかたちで曖昧性の測定値として解釈しないかぎり）確率がリアリティーの不確定性を示しているという主張に根拠はない。

4　真かつ偽

嘘つきのパラドックスを回避するもう一つのやり方は、問題の文

（9）　（9）は偽である

が真でありかつ偽である、と主張することである。この主張は、「真かつ偽である文はない」という無矛盾律の否定であり、「真と偽以外の真理値を持つ文はない」とする排中律の否定ではない。(9)は真でありかつ偽であるという主張は、真と偽以外の真理値を(9)に負わせているわけではないのである。

この主張には反論がある。それは、「偽」とは「真でない」という意味なので「真かつ偽」とは「真かつ真でない」ということになり、あきらかな矛盾である、という反論だ。矛盾は受け入れられないので、(9)が真かつ偽だという主張は受け入れられない、というわけである。

この反論に対処する方法は二つある。その一つは、「偽」は「真でない」という意味だ、という前提を否定するという方法である。この前提を否定すれば、「真かつ偽」が「真かつ真でない」とはならないので矛盾が出ない。しかし、この方法の問題点は、「偽」が「真でない」という意味でないのならば、いったいどういう意味なのかが定かでないという点である。

当の反論に対処する二つめの方法は、「矛盾は受け入れられない」という態度を放棄するという方法である。つまり、(9)は矛盾に導く文だが、それはそれでよし、という態度をとるのである。ここで大事なのは、これは「どんな文でも真かつ真でないことがありうる」という態度をとること

ではない、ということだ。あまたある文のなかでも(9)のような「嘘つき文」は特殊であって、その特殊性ゆえに「真かつ真でない」などという驚くべき性質を持つ、とするのである。「ユリコはキクオの母親だ」とか「金星は惑星だ」とかいう(ふつうの)文はそうではなく、真か真でないかどちらか一方であって両方ではないというわけだ。こういう主張を推奨する立場を「真矛盾主義」という。

真矛盾主義の問題点は、「真かつ真でない」という驚くべき性質を持つ特殊な文とそうでない文の区別はどのようにしてつけるのか、という点である。これがあきらかにされないかぎり、この方法は「日和見主義」というレッテルを貼られかねない。(9)だけではなく、自分が擁護する前提のうえに立って論じた結果矛盾を生みだすような「パラドクシカル」な文が発見されるたびに、「それは真かつ真でない文だ」と宣言することによってその前提への反論を退ける、という一般化された方法を拒否する根拠がなくなる。それがなぜまずいかというと、「背理法という重要な推論形式を自分の都合のいいように制限している」という抗議に対して、納得のいく応対をするのがむずかしくなるからである。

いったん矛盾を許してしまうと、いつ矛盾を許していつ矛盾を許すべきでないかについての議論そのものが矛盾したとしても、それはその議論を放棄する理由にはなりえない。なぜなら、その議論の矛盾は許される矛盾だと主張できるからだ。もちろん、その主張が抗議の的になれば、いつ矛盾を許していつ矛盾を許すべきでないかについての議論のうち、どれが矛盾してもよく、どれが矛盾したらダメなのかを議論する必要があるが、そのような「メタ議論」のうち、どれが矛盾してもよく、どれが矛盾したらダメなのかについての「メタメタ議論」がいる。さらにそれについての「メタメタメタ議論」が必要になり…、と無限背進におちいる。矛盾のみならず無限背進も時にはオーケーだ、という立場をとったとしても、いつ無限背進がオーケーで、いつオーケーでないかについての議論の良し悪しについて同じような問題が起こるだろう。

5　真理値なし

では、嘘つきのパラドックスにはどう対処すればいいのだろうか。無視するのは論外である。(9)は文法的な日本語の文であり、無意味でもナンセンスでもない。論理的な議論によって、わたしたちが自然に受け入れてきた前提を揺るがしかねないということを示す文なので、それに正面から向かい合う必要がある。

一部の理論家によると、(9)が自分自身に言及している、すなわち、自己指示しているという事実がパラドックスを生むので、自己指示を許すような言語は受け入れられないとすべきである、という。自己指示という現象そのものがパラドクシカルな現象なのだ、というわけである。だがこれは、ニンニクを刻むのにナギナタを使うようなものだ。過剰反応である。自己指示そのものに非はない。たとえば、つぎの文にまったく問題はない。

(10)　(10)は日本語の文である。

自己指示をふくむこの文は文法的に正当だしナンセンスなことをいっているわけでもない。それどころか、あきらかに真であり、偽ではない。

(9)がパラドクシカルなのは、自己指示をしているからではなく、いっている内容が奇妙奇天烈だからである。(9)は「(9)は偽である」といっているが、何を偽といっているのかと聞かれれば、「(9)が偽だというのが偽だといっている」と答えるしかないだろう。だが、そもそも(9)が何をいっているのかわからなければ、この答えを完全に理解することはできない。よって、(9)が何をいっているのかは、わからずじまいである。そして、これは、(9)のいっていることが深遠すぎてわたしたちには理解不可能だからなのではなく、(9)がはじめから実のあることは何もいっていないからなのである。ということは、(9)が真であるためにリアリティーがそうあるべき状況そのものが何であるか確定していない、ということなので、(9)が真であるかどうかが成り立つための基盤がない、ということになる。すなわち、(9)は真でも偽でもありえないのだ。

これは排中律の否定ではないのだろうか。排中律を「すべての文法的な文は、真か偽かどちらかだ」というふうに非常に広く解釈すれば、その否定にはなる。だが、わたしたちがすでに気づいているように、そのような広義の解釈下の排中律には、嘘つきのパラドックスとは独立に多くの反例がある。「開館は何時ですか」や「ホウレンソウを食べなさい」といった文は立派に文法的だが、真でも偽でもない。答えられうる質問やしたがいうる命令を発してはいるが、真や偽になりうる内容を断言してはいないからだ。疑問文や命令文など、平叙文でない種類の文には真理値を持ちうる内容がないので、排中律の的にそもそもなっていない。

（9）は表面的には平叙文だが、実質的には真理値を持ちうる内容がない。この後者の点で（かつ、この点のみで）疑問文や命令文に似ている。真理値を持ちうる内容がある平叙文だけを対象とする原理という、狭い解釈によって理解された排中律は、（9）によって反証されてはいないといえるだろう。

6　フリー論理

わたしの姉ケイコは、しば漬けが好きである。自分で漬けることもある。また、水泳が好きで、各地のプールを訪れて泳ぐのを趣味にしている。つまり、ケイコは漬け物と運動が好きである。すなわち、

（11）ケイコは、しば漬けが好きだ。
（12）しば漬けは、漬け物だ。
（13）ケイコは、水泳が好きだ。
（14）水泳は、運動だ。
　ゆえに、
（15）ケイコは、漬け物と運動が好きだ。

この推論が妥当だということに疑いの余地はない。だが、わたしには姉がいない。ここで使われている「ケイコ」という固有名には指示対象がない。ということは、推論の妥当性は、固有名に指示対象があるかどうかに依存しないということだ。指示対象の存在は妥当性の必要条件ではないのである。これを疑い、右のケイコの例にも説得されない人は、素数の数は無限だという定理の、高校卒業生なら誰もがみんな知っている(べきである)つぎの証明をみればいい。

背理法のために、素数の数は有限だと仮定せよ。ならば、最大素数Jがある。すべての素数の積に1を足した結果、すなわち(2×3×5×7×11×…×J)+1は素数である。この素数はJより大である。よって、Jは最大素数ではない。これは矛盾である。ゆえに、素数の数は有限ではない、すなわち、無限である。

この証明で使われている推論は妥当だが、「J」には指示対象がない。推論が妥当だということ自体から、「J」には指示対象がないということが帰結するのである。ふつうの論理体系では、すべての固有名には指示対象があると前提されているので、「J」を本当に固有名とするかぎり、ふつうの論理体系はこのような推論に対処できない。この欠点を克服し、固有名には指示対象がなくてもいいとする論理体系を「フリー論理」と呼ぶ。

指示対象がない固有名の使用を許すフリー論理では、ふつうの論理体系で妥当な推論がすべて妥当になるわけではない。たとえば、「ケイコはしば漬けが好きだ。ゆえに、しば漬けが好きな誰かがいる」はふつうの論理では妥当とされるが、フリー論理では妥当ではない。同様に、「誰もがみんな知っている。ゆえに、ケイコは知っている」もフリー論理では妥当ではない。「ケイコはしば漬けが好きだ。ゆえに、もしケイコが存在するならば、しば漬けが好きな誰かがいる」とか、「誰もがみんな知っている。ゆえに、もしケイコが存在するならば、ケイコは知っている」はフリー論理でも妥当である。このように、「( )が存在するならば」を前件とする仮言の形にすることによって妥当性を復元することができる。じつは、この手法にはおもしろい応用がある。興味深い寄り道として、つぎの節でそれをみてみよう。

7 完璧者の存在

十一世紀に提案された有名な推論に、「存在論的証明」というのがある。一見証明できそうもないことが証明できているようにみえる不思議な推論なのだが、フリー論理を使うと、それが単なるトリックだということがあきらかになるのである。

まず、すべての点で完璧なものを「D」と名づけるとしよう。すべての点で完璧というのは、厳密にいえばどういうことか定かでないが、それを厳密に定義する必要はない。すべての点で完璧なものはポジティブな性質をすべて持つ、という前提と、存在するというのはポジティブな性質だ、という前提を確保しさえすればいい。この二つの前提を批判することは可能だが、それ以外にもっと基本的な問題があるので、これらの前提は認めることにしよう。そういう前提にもとづいて、存在論的証明はつぎのようになされる。

Dは定義上すべての点で完璧なので、すべてのポジティブな性質を持つ。存在という性質はポジティブな性質である。よって、Dは存在という性質を持つ。ゆえに、Dは存在する。

すなわち、すべての点で完璧なものが存在する、というわけである。そして、その存在は、現実のリアリティーを観察したうえで発見されるというのではなく、「すべての点で完璧なもの」という概念そのものから(二つの前提を認めるかぎり)直接帰結するというのだ。これは信じがたいといわねばならないが、では、この証明のどこに欠陥があるのかと聞かれたら、すぐに返事はできないだろう。すでにいったように、二つの前提のどちらか(または両方)に非をみつけようとすることはまちがいではないかもしれない。だが、それより簡単な方法でこの証明を論駁できる。フリー論理を使えばいいのである。

「ケイコは、しば漬けが好きな、わたしの姉だ。よって、わたしの姉でしば漬けが好きな人がいる。ゆえに、わたしには姉がいる」という推論は、あきらかに、わたしの姉の存在の証明になっていない。なぜなら、「ケイコは、しば漬けが好きな、わたしの姉だ」という仮定は「ケイコは存在しない」という主張と矛盾しないからだ。別のいい方をすれば、「ケイコは、しば漬けが好きな、わたしの姉だ」が無条件に受け入れられる主張のように聞こえるとしたら、それは「ケイコは、もし存在するならば、しば漬けが好きな、わたしの姉だ」という文と混同されているからである。この後者の文は真だが、「わたしの姉でしば漬けが好きな人がいる」を含意しはしない。

素数の例をとっても、同じことが示せる。「Jは最大素数だ。よって、最大素数が存在する。ゆえに、素数の数は有限である」という推論は素数の有限性の証明として成功していない。なぜなら、「Jは最大素数だ」という仮定は「Jは存在しない」という主張と矛盾しないからだ。「Jは最大素数だ」が無条件に受け入れられる主張のように思えるのは、「Jは、もし存在するならば、最大素数だ」という文と混同されているからである。この後者の文は真だが、「Jが存在する」を含意しはしない。

というわけで、存在論的証明はDの存在の証明になっていない。たとえ当の二つの前提のうえに立ったとしても「Dはすべての点で完璧なものだ」という仮定は「Dは存在しない」と矛盾しない。そうでないと思うとしたら、それは、その仮定を「Dは、もし存在するならば、すべての点で完璧なものだ」という主張と明確に区別できていないからである。存在がDの定義のなかに出てくるので混乱するのはもっともだが、ケイコの例と素数の例と並行的に十分注意して考察すれば、混乱は避けられる。

第 8 章

「すべて」と「少なくとも一つ」

1　時間・場所・人

標準的な論理に対する造反だけではなく、標準的な論理の拡張も色々なされている。「かつ」、「または」、「ならば」、「でない」、「すべての」、「ある」、「同一だ」といった論理定項に、「常に」と「時々」をさらなる論理定項として付け加えれば、守備範囲が広がった論理体系が得られる。

(1)　宇宙は、常に膨張している。
(2)　地球上の生物種の数は、時々減る。

「常に」と「時々」を論理の言葉とみなせば、(1)と(2)にはつぎのような論理構造がみてとれる。

(3)　常にp。
(4)　時々p。

「p」は、(3)では「宇宙は膨張している」に、(4)では「地球上の生物種の数は減る」に取って代わられている。(3)と(4)の真理値は「p」の真理値に依存しているが、その依存の仕方は単なる真理関数ではなく、つぎの文の真理値が「p」の真理値に依存する仕方と似ている。

(5) どこでもp。
(6) ある場所でp。
(7) 誰についてもp。
(8) ある人についてp。

「常に」、「どこでも」、「誰についても」などの論理定項を「全称量化子」と呼び、「時々」、「ある場所で」、「ある人について」などの論理定項を「存在量化子」と呼ぶ。前者に共通なのは「すべて」という概念で、後者に共通なのは「少なくとも一つ」という概念である(「時々」は、「少なくとも一つの時点で」ではなく「いくつかの複数の時点で」という意味に近いかもしれないが、ここでは前者の意味だということにして話を進める)。時間、場所、人という個々の種類に特化した「すべて」と「少なくとも一つ」という概念だという意味で、厳密には「種別全称量化子」、「種別存在量化子」というべきだが、誤解の余地が無視できるかぎり「種別」という修飾子は省く。

(1)が真なのは「p」がすべての時点で真な場合であり、(2)が真なのは「p」が少なくとも一つの時点で真な場合である。同じように、(5)と(7)が真なのは、それぞれ、「p」がすべての場所で真な場合と「p」がすべての人について真な場合であり、(6)と(8)が真なのは、それぞれ、「p」が少なくとも一つの場所で真な場合と「p」が少なくとも一人の人について真な場合である。

ここで使われる時点、場所、人は、「p」の真理値を決めるのに必要なパラメーターとみなすことができる。あるいは、「p」の真理値を相対化する因子とみなすこともできる。パラメーターあるいは相対化因子の種類にかかわらず、全称量化子を「□」で、存在量化子を「◇」であらわせば、(3)、(5)、(7)は一緒くたに(9)であらわすことができ、(4)、(6)、(8)は一緒くたに(10)であらわすことができる。

(9)　□p
(10)　◇p

「p」がすべてのパラメーターにおいて(あるいは、すべての因子に相対的に)真な場合、(9)は真で、少なくとも一つのパラメーターにおいて(あるいは、少なくとも一つの因子に相対的に)真な場合、(10)は真である。パラメーターが時点の場合、「p」は時点によって真理値が変わることが無意味でない文でなければならない(そうでない文だとパラメーターへの依存が自明になる)。「宇宙は膨張している」や「地球上の生物種の数は減る」は、そのような文である。パラメーターが場所の場合は、「雨が降っている」や「湿度が90%である」などの、場所によって真理値が変わることが無意味でない文でなければならない。パラメーターが人の場合はどうだろう。人によって真理値が変わることが無意味でない文としては、「総理大臣を娘として持つ」とか、「フグ料理を尼僧におごってもらったことがある」などの文が思い浮かぶ(主語がなくても文としてちゃんと成り立つ、という日本語の特性が、ここでは有利に働いている)。

パラメーターがどうあれ、「□」と「◇」のあいだには特定の関係が成立する。それは、

$$\Box p \Leftrightarrow \neg\Diamond\neg p$$

という同値関係である(ここで¬は否定の記号)。同じ関係はつぎのようにも表現できる。

$$\Diamond p \Leftrightarrow \neg\Box\neg p$$

たとえば、「常に宇宙は膨張している」は「時々宇宙は膨張していない、のではない」と同値だし、「時々地球上の生物種の数は減る」は「常に地球上の生物種の数が減らない、のではない」と同値だ。また、「どこにでもニュートリノは行く」は「ある場所にはニュートリノは行かない、のではない」と同値だし、「ある場所でダチョウの卵のオムレツが食べられる」は「どこでもダチョウの卵のオムレツは食べることができない、のではない」と同値だ。パラメーターが人の例はといえば、「誰もが晴れやかな気分だ」は「ある人は晴れやかな気分ではない、のではない」と同値だし、「ある人はスキップをしている」は「誰もスキップをしていない、のではない」と同値である。

2　可能世界とアクセス

時点や場所や人以外のパラメーターは、いくらでもある。そのなかでも特別に重要なのが、すでに何度か出てきた「世界」である。「世界とは何か」という概念的問題は哲学的に重要だが、本節ではあつかわない。「時点とは何か」、「場所とは何か」、そして「人とは何か」という哲学的に重要な概念的問題をあつかわないのと同じだ。時点や場所や人という概念を定義せずに、直感的な理解にもとづいて時点や場所や人について語ってきたというこれまでの方針を変えずに、世界についても直感的な理解にもとづいて語っていくことにしよう。

まず、第3章8節、第4章3節、第5章1節などでの検討からあきらかなように、世界は一つだけではない。数多くある。それら多数の世界のうち一つは「現実世界」と呼ばれ、わたしたちが「現実に起きている」とすることがらは、この現実世界で起きていることがらである。たとえば、現実世界では、わたしは本書を書き、あなたは本書を読んでいる。わたしが本書を書くことはものごとの必然性によって引き起こされたことではないので、現実にはあったことだが、なかったということは十分可能である。もし、わたしがほかの仕事で時間に追われていたり、論理を分析する本を書くのに興味がなかったり、そもそもわたしが生まれてこなかったら、わたしが本書を書くことはなかっただろう。「世界」という言葉を使っていえば、わたしが本書を書かなかった世界がある、ということになる。そのような世界は現実世界ではないが、現実世界からみて可能な世界である。

この関係を「アクセス」という言葉であらわすことにしよう。すなわち、そのような世界を w_1、現実世界を@とすれば、「w_1 は@からアクセスできる」と表現しようというわけである（アクセス関係は「遷移関係」とか「到達可能関係」と呼ばれることもある）。

@からアクセスできる世界は、もちろん w_1 だけではない。わたしが本書を書いたにもかかわらず、あなたが本書を読まないような世界も、@からアクセスできる。あなたが本書に出会わなかった世界や、出会ったが読む機会がない世界、また、そもそもあなたが生まれてこなかった世界などが、そのような世界だといえよう。

@からアクセスできる世界は色々あるが、アクセスできない世界もある。たとえば、わたしが本書を書き、かつ書かない世界である。そのような世界を「w_2」と呼べば、w_2 は現実世界からみて可能な世界ではない。わたしの著作活動にかんして、現実世界で成立している無矛盾律が成立していない世界だからだ。では、w_2 は絶対的に可能な世界ではないということになるのだろうか。「そうだ」といい切るのは性急である。なぜなら、@ではない別の世界からみれば w_2 は可能な世界かもしれないからだ。つまり、@以外の世界から w_2 はアクセスできるかもしれないからだ。ほかのことにかんして無矛盾律が成立しない世界、たとえば、あなたが本書を読み、かつ読まない世界からなら、w_2 はアクセスできるだろう。ただ、そのような世界は、w_2 同様、@からはアクセスできないといわねばならない。

これこれの世界が何々の世界からアクセスできるとかできないとかいう話にすることによって、可能性を絶対的ではなく相対的な概念としてあつかっているわけである。ある状況が可能かどうかということは、その状況を擁する世界が可能世界かどうかということであり、世界が可能世界かどうかということは、絶対的なことではなく世界に相対的なことである。すなわち、世界 w_n が世界 w_k からアクセスできれば、w_k からみて w_n は可能なのである、つまり、w_k に相対的に w_n は可能世界なのである。ある世界に相対的に可能世界だからといって、別の世界にも相対的に可能世界だということには必ずしもならない。わたしが本書を書きかつ書かない世界は、あなたが本書を読みかつ読まない世界に相対的に可能世界かもしれないが、@に相対的に可能世界ではない。

(10)の形をしたつぎの文で、世界をパラメーターとして「◇」を解釈してみよう。

(11)　◇わたしは本書を書かなかった。

パラメーターを世界とするや否や、文の真理値は世界に相対化されるので、(11)は真か偽かという問いは、世界に相対的にしか意味をなさない。わたしたちがふつうに文の真偽を問うとき、どの世界が問題になっているのかを意識的に明確にすることは稀だが、もし聞かれたとしたら「現実世界だ」と答えるべきだろう。

では、(11)は現実世界@で真だろうか。「◇」は存在量化子なので、@からアクセスできる少なくとも一つの世界において「わたしは本書を書かなかった」が真ならば、(11)は@で真である。@からアクセスできる世界 w_1 において、わたしは本書を書かなかった。よって、(11)は@で真である。わたしが本書を書かなかった、ということは@で可能だということだ。これを(9)の形をしたつぎの文とくらべてみよう。

(12)　□わたしは本書を書かなかった。

「□」は全称量化子なので、@からアクセスできるすべての世界でわたしが本書を書かなかったのでなければ、(12)は@で真とはならない。w_1でわたしが本書を書かなかった、というだけでは不十分である。w_1以外に、どの世界が@からアクセスできるだろうか。@自身はどうだろう。@は世界であることにまちがいないので、@がアクセスできるかという問いは無意味ではない。そして、その問いに答えがあるのならば、それは「アクセスできる」以外の何物でもないと思うのが自然だろう。すべての世界はそれ自身からアクセスできる、というのは自明だと思われるからだ。@でわたしは本書を書いた。よって、@からアクセスできるすべての世界でわたしは本書を書かなかった、のではない。ゆえに、(12)は@で真ではない。わたしが本書を書かなかった、ということは@で必然的ではないということだ。

まとめると、わたしが本書を書かなかったということは、@で偽だが、@で真であることが可能であり、@で真であることが必然的ではない、ということである。

3　アクセス関係の諸性質

「□」と「◇」を導入してパラメーターを世界とみなす論理を「(真理にかんする)様相論理」と呼ぶが、いくつかの文は、様相論理的真理として自明であるように思われる。たとえば、つぎの六つの文である。

(K)　□(p→q)→(□p→□q)
　　pならばqということが必然的ならば、必然的にpならば必然的にqである。

(D)　□p→◇p
　　必然的にpならば、pということは可能である。

(T)　□p→p
　　必然的にpならば、pである。

(B)　p→□◇p
　　pならば、pということが可能だということは必然的である。

(4)　□p→□□p
　　必然的にpならば、必然的にpだということは必然的である。

(5)　◇p→□◇p

pということが可能ならば、pということが可能だということは必然的である。

まず(K)は、仮言が必然的ならば、もし前件が必然的なら後件も必然的だ、といっている。「この動物がネコなら、この動物は哺乳類だ」は必然的なので、もし「この動物はネコだ」が必然的なら「この動物は哺乳類だ」も必然的だ。この一例が示すように、(K)は、必然性という概念を持つ人なら誰でもみんな真として受け入れる文だろう。そして、どの世界がどの世界からアクセスできて、どの世界からアクセスできないかにかかわらず、どの世界でも真である。なぜなら、どの世界を起点にしたとしても、その世界からアクセスできるどの世界でも仮言が真ならば、前件が偽であるようなアクセスできる世界はないので、もしすべてのアクセスできる世界で前件が真なら、すべてのアクセスできる世界で後件も真でなければならないからである。必然性を世界間のアクセス関係という理論概念の枠組み内で理解するかぎり、(K)は反証できない。

では(D)はどうか。必然的なことは可能である、といっているのだが、これは、どの世界がどの世界からアクセスできるか否かにかかわらず、どの世界でも真だろうか。残念ながら、そうではない。たとえば、ある世界w※にはアクセスできる世界が一つもないとする。これは、w※自身さえ、w※からアクセスできないということを意味する。そのような世界は想像しにくいが、アクセスは世界と世界の間の二項関係だということから、w※のような世界はありえないということは帰結しない(@がそのような世界だとはとうてい考えられないにしてもである)。そして、もしw※のような世界があるならば、w※からアクセスできるすべての世界でpだからといって、w※からアクセスできる世界が少なくとも一つあって、その世界ではpだ、ということにはならない。その理由はこうだ。「$w_{※}$からアクセスできるすべての世界でpだ」という文は、「いかなる世界w_*についても、もしw_*が$w_{※}$からアクセスできれば、w_*でpだ」という仮言と同値なので、$w_{※}$からアクセスできる世界がなければ真である。なぜなら、「w_*が$w_{※}$からアクセスできる」という前件がいかなるw_*についても偽ならば、その（実質）仮言は真だからである。また、$w_{※}$からアクセスできる世界がないなら、$w_{※}$からアクセスできる世界でpが真であるような世界はないに決まっている。よって――$w_{※}$からアクセスできる世界はないので――「$w_{※}$からアクセスできるすべての世界でpだ」は真だが、「$w_{※}$からアクセスできる世界が少なくとも一つあって、その世界ではpだ」は偽なのである。

というわけで、$w_{※}$では、（D）の前件「□p」が真で、後件「◇p」が偽である。ということは、（D）がすべての世界で真であるためには、$w_{※}$のような世界は容認できないということになる、すなわち、いかなる世界についても、そこからアクセスできる世界が少なくとも一つある、という条件が満たされていなければならないということである。つまり、どの世界にも、アクセスできる世界が少なくとも一つあるということを（D）は要求していることになる。アクセス関係を「A」であらわせば、（D）が要求するのは、

　どの世界wにも、Aww_*であるようなw_*が少なくとも一つある

という意味での、アクセス関係の「継起性」と呼ばれる性質なのだということである。

つぎに(T)を見よう。「必然的に真な文は真である」と主張する(T)は無条件に真でなければならないように思えるが、じつは、ある最小限の条件をアクセス関係に課している。それは、「いかなる世界も自分自身にアクセスできなければならない」という条件である。これを(D)が課す条件と混同してはいけない。(D)が課すのは、いかなる世界にも、そこからアクセスできる世界がまったくないことはない、という条件であって、これは(T)が課す条件より弱い条件、つまり満たしやすい条件である。(T)が課すのは、いかなる世界もそれ自身からアクセスできなければならない、という条件なのであるから。

では、なぜ(T)がその条件を課すかというと、もしその条件が満たされなければ、すなわち、もし自分自身にアクセスできない世界があるとすれば、(T)の前件が真だからといって、必ずしも後件が真だということにはならない、すなわち、(T)の前件が真で後件が偽であるような世界があることになってしまうからである。それは、つぎのように考えればわかる。

ある世界wで「□p」が真だとしよう。ならば、wからアクセスできるすべての世界で「p」は真である。この前提のみから、wで「p」が真だということを保証するには、wがwからアクセスできるという条件を満たせばいい。wからアクセスできるすべての世界でpで、かつwはwからアクセスできるならば、wでpであるはずだ。(T)が要求するのは、

どの世界wも、Awwである

という意味での、アクセス関係の「反射性」なのである。

では(B)はどうだろう。いかなる条件の満足をアクセス関係に求めているのだろうか。ある世界wで「p」が真だとしよう。この前提のみから、wで「□◇p」が真だということを保証するには、wからアクセスできるすべての世界で「◇p」が真だということを保証せねばならない。そうするには、wからアクセスできるいずれの世界にも、アクセスできる世界が少なくとも一つあって、その世界で「p」が真だということを保証せねばならない。そのためには、その世界がほかならぬw自身だという必要がある。「p」が真だと保証されている世界はwしかないからだ。すなわち、wからアクセスできるいずれの世界からもwはアクセスできる、とする必要がある。ということは、(B)がすべての世界で真であるためには、どの世界を起点としても、その世界からアクセスできるいずれの世界からも起点の世界がアクセスできる、という条件が満たされなければならないということである。すなわち(B)が要求するのは、

Aww* ならば、Aw*w である

という意味での、アクセス関係の「対称性」なのである。

つぎは(4)である(「(4)」というのは本書での番号付けではなく、この公理の名前として様相論理でふつうに使われる番号である——つぎの「(5)」も同様だ)。いかなる条件の満足をアクセス関係に求めるのか。ある世界wで「□p」が真だとしよう。すなわち、wからアクセスできるすべての世界で「p」

が真だということである。この前提のみから、wで「□□p」が真だということを保証するには、wからアクセスできるすべての世界で「□p」が真だということを保証せねばならないが、そうするには、wからアクセスできるいずれの世界を起点にとっても、その起点からアクセスできるどの世界でも「p」が真だ、ということを保証せねばならない。そして、そのためには、その起点からアクセスできる世界はすべてwからもアクセスできる、とする必要がある。なぜなら、「p」が真だと保証されている世界は、wからアクセスできる世界しかないからだ。つまり、wからアクセスできる世界からアクセスできる世界は、すべてwからアクセスできる、ということを保証する必要がある。つまり(4)が要求するのは、

Aw_1w_2 かつ Aw_2w_3 ならば、Aw_1w_3 である

という意味での、アクセス関係の「推移性」なのである。

最後に(5)は、いかなる条件の満足をアクセス関係に求めるだろうか。ある世界wで「◇p」が真だとしよう。すなわち、wからアクセスできる世界のうち少なくとも一つで「p」が真だということである。この前提のみから、wで「□◇p」が真だということを保証せねばならないが、そうするには、wからアクセスできるすべての世界で「◇p」が真だということを保証するには、wからアクセスできるいずれの世界を起点にとっても、その起点からアクセスできる世界のうち少なくとも一つで「p」が真だ、ということを保証せねばならない。そして、そのためには、wからアク

セスできる世界ならどれでも、当の起点からアクセスできる、という必要がある。なぜなら、「p」が真だと保証されている世界は、wからアクセスできる世界のうち少なくとも一つしかないからだ。つまり、wからアクセスできる世界のペアはすべて、お互いにアクセスできる、とする必要がある。すなわち(5)が要求するのは、

Aw_1w_2 かつ Aw_1w_3 ならば、Aw_2w_3 である

という意味での、アクセス関係の「ユークリッド性」なのである。

このように、(K)、(D)、(T)、(B)、(4)、(5)という六つの文を、様相論理の出発点としての公理(あるいは少なくとも様相論理の真理)とみなすと、パラメーターである世界のあいだのアクセス関係を、かなり強く制約することになる。すなわち、様相論理があつかう世界は、継起的、反射的、対称的、推移的、ユークリッド的であるようなアクセス関係にある世界だ、ということになる。そして、そのような世界は「同値類」と呼ばれるようなグループに分けることができる。どの世界も一つの同値類に属し、ほかの同値類には属さない。あたえられた世界wが属する同値類【w】は、つぎのように定義される。

いかなる世界も、wからアクセスできれば【w】に属し、wからアクセスできなければ【w】に属さない。

このようにして定義された同値類は、すべての世界をふくむ論理空間を「分割する」、すなわち、【w】内の世界はどれも、【w】内のすべての世界からアクセスできると同時に、【w】外の世界のどれからもアクセスできない。かつ、【w】外の世界は、【w】内のどの世界からもアクセスできない。これは、つぎのように証明することができる。

アクセス関係は継起的なので、wからアクセスできる世界が少なくとも一つある。ということは、【w】に属する世界が少なくとも一つある、つまり、【w】は空ではないということだ。xとyを【w】に属する世界だとすれば、xとyはwからアクセスできる（x＝yだともx＝yではないとも前提されていない、ということに注意しよう）。アクセス関係は対称的なので、wはxとyからアクセスできる。また、アクセス関係はユークリッド的なので、xとyは互いにアクセスできる。もちろん、アクセス関係は反射的なので、wはwに、xはxに、yはyにそれぞれアクセスできることはいうまでもない。ゆえに、【w】内の世界はすべて、【w】内の世界すべてからアクセスできる。

そのいっぽう、zを【w】外の世界とすると、【w】の定義により、zはwからアクセスできない。もしxがzからアクセスできるとすれば――wはxからアクセスできるので――アクセス関係の推移性により、wはzからアクセスできる。だがアクセス関係は対称的でもあるので、zはwからアクセスできることになってしまうので、（背理法により）xはzからアクセスできない（同様にyもzからアクセスできない）。ゆえに、【w】内の世界はどれも、【w】外のいかなる世界からもアクセスできない。

さらに、もしzがxからアクセスできるとすれば――xはwからアクセスできるので――アクセス関係の推移性により、zがwからアクセスできることになってしまうので、（背理法により）zはxからアクセスできない（同様にzはyからもアクセスできない）。ゆえに、【w】外の世界はどれも、【w】内のいかなる世界からもアクセスできない。

【w】はwからみて可能な世界をすべて集めたものであり、【w】内のどの世界からみても【w】内のどの世界も可能な世界であり、【w】外の世界はすべて不可能な世界だ、というわけである。なので、現実世界@からみて可能な世界について語りたければ、【@】内の世界について語ればよく、【@】外の世界はすべて無視していい。その反面、@からみて不可能な世界について語りたければ、【@】外の世界について語ればいい。

ということは、不可能世界について語るのは、可能世界について語るよりずっとむずかしいわけではない、ということになるだろう。日本国内に住む人々について語れるならば、日本国外に住む人々について語ることに原理的に困難さはない。日本国外に住むからといって人が人でなくなるわけではないし、自然法則が当てはまらなくなるわけでもない。また、日本以外の国は一つだけではなく複数あるように、【@】以外の同値類も一つだけではなく複数あっていい。不可能であるあり方は複数あっていいということだ。ある動物がクジラでありかつ哺乳類ではなく魚類だということは不可能で、そのような事態が起きている世界w_1は【@】の外にある。また、わたしがあなたであるということは不可能で、それが起きている世界w_2は【@】の外にある。そして、w_1とw_2は、お互いにアクセスできないかもしれない。すなわち、【w_1】と【w_2】が同一の同値類である必要はさらさらない。また【w_1】と【w_2】が別々の同値類である必要もない。

w_1について語れるなら、w_1と@を混同することもありうるだろう。じっさいに奈良にいる人が、自分は京都にいると思っているとすると、その人は、@からアクセスできる@以外の世界、すなわち、その人が奈良ではなく京都にいる世界、を@だと勘ちがいしている、すなわち、【@】内の@以外の世界を@とまちがえているのである。@以外のある世界に自分を位置づけてしまっているわけだ。ただ、その世界は【@】内の世界なので、自分がいる世界がどの同値類内の世界なのかについては勘ちがいしているのではない。自分がじっさいにいる世界の同値類内に自分を位置づけてはいる。じっさいに奈良にいる人が、奈良のかわりに京都にいたという状況は、何ら不可能な状況ではないからだ。現実ではないが可能なことが起こった、ということにすぎないからだ。

それにくらべて、クジラが魚類だとか、あなたはわたしだ、などじっさいには不可能なことを現実だと信じている人は、@からアクセスできない【@】外の世界w_1やw_2を@と勘ちがいしているので、@以外の世界について自分が現実にそこに存在していると勘ちがいしているにとどまらず、自分がどの同値類内の世界に存在しているかについても勘ちがいしているのだ。わたしたちは、自分がどの町にいるかについてだけでなく、どの世界にいるか、さらにどの同値類内にいるかについても、往々にして勘ちがいしてしまうのである。

4　パラメーターの存在論

「◇」を「時々」と読めばパラメーターは時点なので、そう読んで(10)の形をした特定の文を真とみなした場合、わたしたちは時点の存在にコミットしている。たとえば、「時々あなたはニヤニヤする」、すなわち「あなたがニヤニヤする時がある」という文をわたしが真だとみなすならば、あなたという存在のほかに、ある時点の存在にコミットしている。そして、その時点は、あなたがニヤニヤしている時点だということにコミットしている。時点についてのこのような存在論的コミットメントはふつうだし、特に驚くには値しない。

同様の存在論的コミットメントは、ほかの種類のパラメーターにもまったく同じように当てはまり、多くの場合問題なく受け入れられる。たとえば、パラメーターを場所や人とすれば、「◇」は場所や人についての存在量化子になるので、(10)の形をした特定の文を真とみなすことによって、わたしたちは場所や人の存在にコミットするが、そのような存在論的コミットメントはごく日常的に問題なく受け入れられている。複数の異なった場所があるからといって別に驚くことはないし、複数の異なった人々がいるからといって驚嘆するのは異常である。

それにくらべて、世界をパラメーターとする様相論理には少々問題がある。パラメーターが世界なら「◇」は世界についての存在量化子になるので、(10)の形をした特定の文を真とみなすや否や、わたしたちはある特定の種類の世界が存在するということにコミットすることになる。たとえば、

(13) ◇八木沢敬は『「論理」を分析する』の著者ではない

という文を真だとみなすならば、すなわち、(現実世界では八木沢敬は『「論理」を分析する』の著者かもしれないが)少なくとも一つの世界では八木沢敬は『「論理」を分析する』の著者ではない、ということを受け入れるならば、現実世界でない(現実世界からアクセスできる)世界が少なくとも一つあるという存在論的コミットメントを負うことになる。もっといえば、そもそも八木沢敬が存在しないか、『「論理」を分析する』が存在しないか、あるいは両者は存在するが前者が後者の著者ではないような、そういう世界の存在にコミットすることになる。そのような世界が論理空間には少なくとも一つある、ということにコミットすることになるのである。そのような世界を擁する論理空間がある、ということにコミットすることになるといってもいい。

だが、このコミットメントには、時間や場所や人へのコミットメントにはない問題がある。それは、「世界とは何か」という問題である。「時間とは何か」、「場所とは何か」、「人とは何か」という問題もあるにはあるが、時間や場所や人について、わたしたちにはふつう日常生活において定義や説明を求める必要性を感じない程度の直感的(つまり理論的説明に依存しない)理解がある。それにくらべて、「□」と「◇」の解釈におけるパラメーターとしての世界については直感的な把握はない。ここでいう世界とは、社会的グループでも天体でもない。理論的説明に頼るほかに理解するすべはない。では、どのようにして必要な理論的説明が得られるのだろうか。

わたしたちが本書でここまで何度となく垣間みてきたが答えを出しあぐねていた、この問いに答えるにあたって、似たような先駆例である「時空」という概念が参考になるだろう。この概念は、物理現象を説明するために物理学者が提案した概念で、いまでは物理学のみならず学問全般で、さらにはコンピューター産業や通信産業などアカデミアの外でも広く受け入れられている。「時空」という概念にかんするもっとも顕著な事実は、それが「時間」と「空間」という、わたしたちがすでに直感的に把握している概念を、新たな理論的枠組み内で有用なかたちで組み合わせることによって作られているということである。「世界」の概念も同じように、わたしたちがすでに直感的に把握しているいくつかの概念にもとづいて理論的に組み立てるのがいいだろう。そのような組み立てのやり方はいくつかあるが、そのうちの一つをみることにしよう。

5　リアリスティックな「世界」概念

まず出発点となる直感的に把握できる諸概念だが、「事態」という概念からはじめるのが自然だと思われる。アリストテレスはギリシャ人だったという事態、あなたは本書を読んでいるという事態、牛乳には乳酸菌がはいっているという事態、木星は土星より太陽に近いという事態、宇宙は膨張しているという事態などがとっさに頭に浮かぶ事態の例である。また、特定の人物やものなどに言及しない事態もある。誰かがどこかで笑っているという事態、何かに負の電荷があるという事態、ほとんどの日本人は関西弁がわかるという事態、すべての哺乳類は動物だという事態などである。

これらはすべて、じっさいに生起している事態だが、そうでない事態も無数にある。たとえば、アリストテレスは日本人だったという事態、あなたはノーベル平和賞を受賞したという事態、豆乳にはリコピンがはいっているという事態、金星は火星より太陽から遠いという事態、宇宙は収縮しているという事態、誰も論理学を学ばないという事態、爬虫類のクジラがいるという事態、など。

ある事態と別の事態を一つにまとめると、そのいずれの事態よりも「大きな」事態ができる。たとえば、アリストテレスはギリシャ人だったという事態とあなたは本書を読んでいるという二つの事態をまとめると、アリストテレスはギリシャ人であなたは本書を読んでいる、というもう一つの「大きな」事態ができる。この「大きな」事態は、当の二つの事態と密接な関係にある。二つの事態が両方とも生起すれば「大きな」事態も生起し、二つの事態が両方とも生起するのでなければ「大きな」事態も生起しない、という関係である。これが、連言は二つの連言肢が両方とも真である場合かつその場合にのみ真である、という文のあいだの関係と非常に似ているということはあきらかだろう。これにもとづいて、文の場合と類似的に、事態についても、連言事態、選言事態、仮言事態、否定事態などについて語ることができる。文について真理関数を語るのと類似的に、事態について「成立関数」とでも呼べるものを語るのである。

そのような成立関数のなかでも特に連言が、世界を定義するという目下の目的に有用性を発揮する。その目的を二段階に分けて達成しようとする試みをみよう。それによると、最初に「現実世界」という特定の概念を定義し、つぎにそれにもとづいて「世界」という一般概念を定義する（世界の定義をこの二段階に分けるやり方は、第5章1節ですでに簡単なかたちで試みられている）。現実世界以外の世界、非現実世界は、現実世界同様に世界であることに変わりはないが、現実世界とある特定の点で異なる。その異なる点を指摘することによって、一般的な「世界」の概念があたえられることになるのである。

まず、「現実世界」の定義をみてみよう。事態を「まとめる」という操作を、連言事態を作るという操作として理解する。つまり、事態xは事態yと事態zを「まとめる」ことによってできる事態だ、ということは、xはyとzを連言肢とする連言事態だということである、と理解する。そうすれば、現実世界とは、じっさいに生起している諸々の事態をすべて「まとめた」事態だ、といえる。すなわち、現実世界を、じっさいに生起している諸々の事態すべてを連言肢とする連言事態として定義できるのである。

この現実世界の定義に対して、つぎのような反論があるかもしれない。

この定義は「現実世界」という概念を「じっさいに生起している事態の連言事態」として定義しているが、「じっさいに」は「現実に」と同じ概念なので、定義されるべき概念(の一部)が定義に使われていることになり、この定義を循環的にしている。循環的定義は受け入れられない。よって、この定義は受け入れられない。

たしかに、「じっさいに」は「現実に」の単なるいい換えにすぎないかもしれない。少なくとも日常言語においては、直感的に分別できる意味の差はなさそうである。では、そうならば、この定義は受け入れられないということになるのだろうか。いや、そうはならない。この反論は、定義されている「現実世界」という言葉が、単語ではなく複合的な句だという前提のもとにのみ有効だが、その前提は拒否できるからだ。「現実世界」を、「現実(の)」という形容詞と、それが修飾する「世界」という名詞から成っている複合名詞句だと解釈するのではなく、文法的内部構造なしの単語として解釈すればいい。最初の二文字が「現実の」という形容詞の最初の二文字だということを無視できないのならば、「現実世界」という言葉を、たとえば、すでに出てきた「@」という日本語にない人工的な記号で置き換えればいい。あきらかに文法的内部構造を欠くこの記号の定義に「じっさいに」という概念を使っても、定義が循環的になることはない。第二段階で、そのようにして定義された「@」を使って「世界」の概念を定義することに何か問題が起きる、ということにもならない。本節で「現実世界」という言葉を完全に避けるのは不自然なので、それは文法的内部構造なしの単語なのだということに留意しつつ、使い続けることにしよう。

現実世界のこの定義には、まったくちがった別の反論がある。それは、つぎのような反論である。

現実世界は事態ではない。いくら「大き」かろうが、事態ではありえない。現実世界は事態ではなく、個体である。くだけたいい方をすれば、ことではなく、ものである。文字通り非常に大きな、ものである。真理関数や成立関数に似せて「存在関数」なるものを導入すれば、これが何を意味するか説明できる。真理関数が文の真理値の関数であり、成立関数が事態の生起・不生起の関数であるように、存在関数はものの存在・非存在の関数である。連言についていうと、xが、yとzが存在する場合かつその場合にのみ存在するものだとすれば、xはyとzを連言肢とする「連言個体」と呼べるだろう。たとえば、このデスクとあのソファの連言個体は、このデスクとあのソファが存在すれば存在し、いずれかが存在しなければ存在しないような、そういう何物かである。あなたとわたしの連言個体、東京タワーとエッフェル塔の連言個体、銀河系とアンドロメダ星雲の連言個体などに加えて、このデスクとあなたの連言個体、あのソファとエッフェル塔の連言個体、わたしとアンドロメダ星雲の連言個体もある。じっさいに存在する個々のものをすべて連言肢とする連言個体を現実世界と定義すれば、何らかの連言として現実世界を定義しようという精神は保ちながら、現実世界をものとして定義できる。

この反論の核心が、個体(もの)と事態(こと)の区別だということはあきらかである。では、現実世界は個体なのか、それとも事態なのか。この節の冒頭で、世界は事態だとするのが自然だといったが、世界は個体だとする方がより自然だという人がいるかもしれない。この二つの見解のどちらが、より優れているのだろうか。様相論理のパラメーターとしての世界を定義するという目的には、どちらが優勢なのだろうか。それを判断するために、事態と個体の関係を簡単にみてみよう。

アリストテレスは哲学者だという事態とアリストテレスという個体のあいだには、あきらかな関係がある。後者が存在しなければ前者は生起しえない、という関係が一つ。だが、それだけではない。前者は後者を構成要素とするという関係があり、また、後者は前者から抽出できるという関係もある。ある意味で、アリストテレスは哲学者だという事態はアリストテレスという個体から成っている、といえるだろう。だが、そういうや否や「アリストテレスのほかにも、その事態の構成要素があるはずだ」という判断に至る。そうでなければ、アリストテレスは哲学者だという事態を、たとえば、アリストテレスという個体に加えて必要な構成要素は、哲学者性という性質である。その事態を構成するのに、アリストテレスという個体が必要な構成要素だという事態から区別できないからである。その事態を構成するのに、アリストテレスという個体に加えて必要な構成要素は、哲学者性という性質である。その個体がその性質を持つという事態が、その事態なのである。ということは、アリストテレスは哲学者だという事態からはじめれば、アリストテレスという個体と哲学者性という性質にたどり着く。また、アリストテレスはアレキサンダー大王の家庭教師だという事態からはじめれば、アリストテレスとアレキサンダー大王という二人の個体と、家庭教師という関係にたどり着く。このようなことは事態一般にいえることである。

誰かがどこかで笑っているという事態のように、特定の個体を構成要素としない事態でさえも、笑っているといった性質は構成要素として必要である。「誰か」と「どこか」という言葉に対応する構成要素は何かという問題は触れずに進む（興味のある読者は宿題として取り組むのもいいだろう――ヒント、「選言個体」を考えよ）。

事態が個体と性質や関係を構成要素として持つ、または事態から個体や性質や関係が抽出できる、ということは、現実世界を事態として定義すれば、個体も一緒についてくる、すなわち、個体へのコミットメントなしには現実世界を事態として定義することはできない、ということになる。では、その逆はどうか。事態へのコミットメントなしに現実世界を個体として定義できるだろうか。いや、できない。諸々の個体からはじめて、それらすべてを連言肢とする連言個体を作っても、それだけでは特定の世界を作ったことにはならない。理由はいくつかあるが、ここで重要なのは、そのようにしてできた連言個体はたかだか複数の世界に対応しているにすぎず、一つの特定の世界には対応しない、という理由である。たとえば、諸々の個体の一つがあなたで、もう一つがわたしだとしよう。そうすると、連言個体はあなたとわたしを構成要素として持つが、あなたがわたしより背が高いような世界とわたしがあなたより背が高いような世界の両方に対応している。そのような二つの世界では「あなたとわたしは存在する」という文は同じように真だからだ。あなたとわたしの存在だけで、存在の仕方が無視されてしまっている。個体が存在していても、その個体がちがったふうに存在していれば——すなわち、ちがった性質や関係を持っていれば——ちがった世界なのだということが考慮されていないのである。

諸々の個体を連言肢とする連言個体を使って世界を構築するとすれば、それらの個体の性質と相互関係も世界の一部として取り入れる必要がある。ただ単にあなたとわたしが構成要素だというのではなくて、わたしより背が高いあなたと、あなたより背が低いわたしが構成要素だといえば、わたしより背が低いあなたと、あなたより背が高いわたしが構成要素である世界と区別がつく。背がどうあろうとあなたはあなたで、わたしはわたしなので、この区別をつけるには、あなたとわたしのほかに、「( )は( )より背が高い」と「( )は( )より背が低い」という関係を持ちだす必要がある。あなたが日本人である世界とあなたが(存在はするが)日本人ではない世界を区別するには、あなたのほかに「( )は日本人だ」という性質がいる。つまり、個体だけではダメで、個体の性質や関係も必要なのである。そして、個体と性質や関係があれば事態ができる。あなたとわたしという個体と「（　）は（　）より背が高い」という関係があれば、あなたはわたしより背が高いという事態ができ、あなたという個体と日本人性という性質があれば、あなたは日本人だという事態ができる。

この意味で、連言個体というアイデアにもとづく世界の定義は、連言事態というアイデアを排除しないし、連言事態というアイデアにもとづく世界の定義は、連言個体というアイデアを排除しない。世界を事態として定義しようが個体として定義しようが、理論内のリアリスティックな形而上学的コミットメントに大差はない。これを真剣に受け止めないと大きな過ちを犯す危険が生じる。節を改めて、それについて論じることにしよう。第5章1節で垣間みた可能世界論を敷衍したものについての議論である。

6　同一者か対応者か

諸々の個体の連言個体というアイデアにもとづいて世界を定義しつつ、そのような定義は個体のみならず性質や関係も取り入れた定義でなければならないということを忘れると、大きな過ちを犯すことになる。そういう過ちを犯している人々の代表として「ルイス」と呼ばれる人物を想定することにしよう。ルイスの過ちとその帰結をみるために、例文をあげる。

(14)　◇わたしは、まっすぐ立っている。

わたしは現実には椅子に座ってはいないが、座って本書を執筆するかわりにまっすぐ立って伸びをしていたかもしれない。そういう決断をすることは可能であり、そうしてなされた決断を遂行することも可能である。なので(14)は(現実世界で)真である。(14)が(現実世界で)真であるためには、(現実世界から)アクセスできる少なくとも一つの世界でわたしがまっすぐ立っている、ということが求められる。よって、アクセスできる少なくとも一つの世界で、わたしはまっすぐ立っている。そのような世界をwとすれば、wでわたしはまっすぐ立っている。わたしは現実世界@では座っているので、わたしは、wではまっすぐ立っているが@では座っている。ルイスによると、これはありえないので、(14)についてのこの一連の推論は背理法とみなすべきであり、その大前提となる仮定は否定されるべきである。なぜルイスはこれがありえないと主張するのか。そして、ルイスが否定すべしとする仮定とは何か。

まず、これはありえないとするルイスの根拠は何なのだろうか。わたしは山国出身の南国居住者である。つまり、山国出身者というグループに属する人間であると同時に、南国居住者というグループにも属している。前者のグループに属する者として持つ好みや、なす行為があるし、後者のグループに属する者として持つ好みや、なす行為もある。たとえば、海水浴より高原の散策を好み、水着売り場よりトレランシューズ売り場に足が向く。屋外運動の時間としては昼間より早朝を好み、セーターよりTシャツを着る。その反面、どちらのグループへの所属ともまったく関係ない性質もある。たとえば、瞳が黒いという性質だ。山国出身者グループに属するから瞳が黒いわけではないし、南国居住者グループに属するから瞳が黒いわけでもない。まして、前者の一員としては瞳が黒いが、後者の一員としては瞳が黒くない（たとえば緑だ）などということはない。わたしの瞳が黒いかどうかは、わたしに内的な要因（メラニン色素の濃度などの要因）によって決まるのであって、わたしがどちらのグループに所属するかという外的要因とは独立である。

同じように、ルイスによると、わたしがまっすぐ立っているかどうかは、わたしに内的な要因（骨格の形などの要因）によって決まるのであって、わたしがどの世界に存在するかなどの外的要因とは独立なのである。この世界の存在者としては座っているが、あの世界の存在者としては立っている、などというのは、山国出身者グループ員としては瞳が黒いが、南国居住者グループ員としては瞳が緑だ、というのと同じくらいおかしな主張だというわけである。

さらにいうと、その主張のおかしさは、つぎの二つの図が視覚的に表現している。

こ
り
ふたまんじゅう

（図2）

こ
り
ぶたまんじゅう

（図1）

「豚饅頭」を（ひらがなで）縦に書き、「振り子」を（ひらがなで）横に書くとする。二つの語が交差する角の部分にそれぞれの語の最初の文字を同時に配置しようとすると、一つの図には収まらない。その理由はあきらかである。縦に書かれた語の最初の文字は「ぶ」だが、横に書かれた語の最初の文字は「ふ」だからである。もし一つの図に収まったとしたら、その二つの語が交差する角の部分にある一つの文字は、縦に書かれた語の最初の文字としては「ぶ」で、横に書かれた語の最初の文字としては「ふ」だ、と主張できることになるが、そのような主張は文字通りの理解ができない。なのでここでは二つの図に分けて表示した。問題の文字は、図1では「ぶ」であり、図2では「ふ」である。それらは二つの異なる文字であり、図1で「ぶ」で図2で「ふ」であるような一つの文字などというものはない。ある特定の文字が「ぶ」か「ふ」かということは、その文字の内的性質のみによって決まっているのであり、ほかの文字と相まってどういう単語を形作るかなどという外的要因によって決まるのではないのだ。「わたしが座っているか立っているかは、わたしが@に存在するかwに存在するかによって決まる」と主張するのは、これと同じように、内的性質と外的要因の区別を無視する途方もない主張なのだ、とルイスはいう。

こういう途方もない結論を生む仮定としてルイスがやり玉にあげるのは、わたしがwでまっすぐ立っているためにはわたしはwの構成要素でなければならない、という仮定である。途方もない結論を避けるために、ルイスはこの仮定を拒否する、すなわち、わたしがwでまっすぐ立っているためにはわたしはwの構成要素でなくてもいい、と主張する。だがwを構成する諸々の個体の一つでなくして、いかにwでまっすぐ立っていられるのだろう。ルイスは、この問いに「身代わりをもってして」と答える。わたし自身はwの構成要素ではないかもしれないが、わたしの身代わりでwの構成要素である人物がいて、その人物がまっすぐに立っている、というわけである。

その身代わりを、わたしの「対応者」と呼べば、一般に「◇xがfである」が真なのは、アクセスできる世界wにxの対応者がいて、その対応者がfである、という場合、かつその場合のみである。ここで、wにおけるxの対応者とは「xにもっとも似ているwの構成要素」という意味である。すなわち、wにおけるxの対応者をyとすれば、yはwの構成要素の一つであり、y以外の構成要素がいかにxに似ていても、yのほうがxにもっと似ている、ということだ。

ルイスのこの対応者理論に対する反論を一つみてみよう。それは、「wに存在することなく、wでまっすぐ立っていることなどできるわけがない」という反論である。これに答えるのはそうむずかしくない、と思う人がいるかもしれない。そういう人は、この反論につぎのように答えることだろう。

ルイス流の対応者理論は、「存在しなくても、まっすぐ立っていることはできる」に必ずしもコミットしていない。身代わりを通じてwで立っていることができるならば、身代わりを通じてwに存在することもできるだろう。わたしの対応者はwの構成要素の一つなので、wに存在する対応者を持つという意味でわたしはwに存在するといえる。もちろん、わたしはwの構成要素ではないので、wの構成要素でなくてもwに存在するといえる、ということになるが、これは、「wを構成する」と「wに存在する」を区別すればいいだけの話である。

だが、ルイスを擁護する意図でなされる応答としては、これは維持しがたい。問題は、「存在する」という述語を「座っている」とか「まっすぐ立っている」とか「人間である」などの述語と一緒くたにしている、ということから発する。「存在する」は、たとえ個体についての述語だとしても、「座っている」とか「まっすぐ立っている」とか「人間である」などとは一線を画する述語である。「xは…に存在する」といった場合、わたしたちはxを…に位置づけると同時に、それ以上のことは何もしていない。xについて、それ以上のことは何もいっていない。何の特徴づけもしていない。ということは、世界を個体としてリアリスティックに理解するルイスにとって、xが特定の世界に存在するということはxがその世界の構成要素であること以外の何物でもない。なぜなら、xがその世界の構成要素だとしなければ、何の特徴づけもしないでxをその世界に位置づけるということはルイスにはできないからだ。これは、ルイスの対応者理論を蝕む、かなりやっかいな問題である。

しかし、これだけではない。ルイスの対応者理論には、さらなる反論があるのだ(第5章1節で垣間みた反論である)。それは、「類似性を同一性と混同している」という反論である。wの構成要素であるyがいかにxに似ていようとも、x自身ではない。xではない別の(wの構成要素である)個体がfだからといって、なぜxがwでfだということになるのか。わたしに非常に似ている誰かが隣室で逆立ちしているからといって、わたしが隣室で逆立ちしていることにはならない。わたしが隣室で逆立ちしているためには、隣室に逆立ちしている誰かがいて、その誰かがわたしと同一人物でなければならない。ただ似ているというだけでは十分ではない。類似性を同一性と混同してはいけない。

この反論によると、ルイスの過ちは、ある特定の個体xについてのf可能性を、x以外の個体のf性によって分析しているという点である。この反論からルイスを救うことはむずかしい。

ルイスを救うかたちでこの反論に応えようとするのではなく、この反論から世界にかんして何を学ぶことができるかを考えることにしよう。ルイスの対応者理論を批判するこの反論の底には、その批判の動機づけの役割を果たしている基本的なあるアイデアがある。そのアイデアが何かということについて二つの異なった立場があるので、つぎにそれらをみることにしよう。

その一つは、世界にかんするリアリズムが悪の根源だとする立場である。ルイスは世界をリアリスティックに解釈する。つまり、現実世界だろうが非現実世界だろうが、世界はすべて非常に「大きな」連言個体だと主張し、そこでいう「個体」を、「あなたやわたしや、このデスクやあのソファは、個体だ」というのと同じリアリスティックな意味で理解する。そういう理解にもとづけば、わたしがこの部屋にいて隣室にいるのではないように、わたしは現実世界の構成要素であって、いかなる非現実世界の構成要素でもない、という意見にたどり着くのはもっともである。よって、この立場に立てば、そのリアリスティックな解釈を捨てればいいということになる。つまり、世界を個体と定義するのをやめるのである。事態と定義するのも、もちろんダメである。となれば、それに代わる定義を提案せねばならない。この立場をとる哲学者たちのあいだでもっとも人気がある提案の一つは、世界を「大きな」連言文として定義するという提案である。

この提案によると、世界は個体でも事態でもなく文である。リアリティーと、それを記述する言語という二分化の枠組みの内では、世界はリアリティーではなく言語の側にある、という提案である。言語の外に位置する実在としてのステータスを世界に否定するこの提案は、「□」と「◇」が導入するパラメーターの形而上学的に統一的な解釈を拒否する。なぜなら、時間、場所、人は言語の外に位置する実在として認めながらも、世界だけはそうしないからだ。世界が文にすぎないのであれば、「…は可能だ」が真だとしても、それは、「…」を真とするような文が少なくとも一つあるということにすぎないので、可能性の基盤が言葉の領域内に閉じ込められてしまう。たとえば、現実には座っているわたしが座るかわりに立っている、ということは可能だが、その可能性は、「わたしは座っている」を真にする文が少なくとも一つある、という言語についての事実によって成り立っていることになってしまう。これが奇妙なことだというのは、「わたしが立っている、ということがありえたのはなぜか」という問いに対して、「わたしが執筆するよりも窓の外を眺めることを選んだかもしれないからだ」とか「座ろうとしたときハリネズミがそこにいた、ということもありうるからだ」などと答えるのは奇妙ではないが、「これこれの文が少なくとも一つあるからだ」などと答えるのは奇妙だ、ということに気がつけば、すぐさまあきらかだろう。

xについてのf可能性をx以外の個体のf性によって分析しようとするルイスへの批判の基盤となるアイデアにかんするもう一つの立場は、世界をリアリスティックに理解することがまちがいだとするのではなく、「世界をリアリスティックに理解すれば、xについてのf可能性をx以外の個体のf性によって分析せざるをえなくなる」と仮定するのがまちがいだ、とする立場である。ルイスを批判しリアリスティックでない世界の概念を推奨する先の立場をとる者は、このまちがいをルイスと共有している、というのがこの第二の立場である。世界にかんするリアリズムを保持しつつ、同一性の重要性を維持することはできる、というわけである。

だが、いかにして、@とwにかんするリアリズムを保持しつつ、@で座っているわたしと、wでまっすぐ立っているわたしが同一人物だと主張することができるのか。世界が個体であり、存在なしには座ったり立ったりできないとしたら、@で座っているわたしは@に存在し、wでまっすぐ立っているわたしはwに存在する。よって、@のわたしとwのわたしが同一人物ならば、同一人物が二つの別々の世界に存在することになる。そして、ルイス流のリアリズムでは、世界での存在はその世界の構成要素であることと区別できないので、同一人物が二つの別々の世界の構成要素だということになる。つまり、(わたしという構成要素を共有することによって)二つの別々の世界が重なり合っているということだ。だが、これはおかしい。

もし二つの世界が重なり合っているならば、片方の世界から他方の世界へ移動できるはずだが、それは不可能だからだ。もし@とwが重なり合っていたら、@でわたしの横にいるネコは、@のわたしと「( )は( )から西へ2メートル離れている」という空間関係にあり、かつ@のわたし、すなわちwのわたしと同一人物は、wでわたしの横にいるイグアナと「( )は( )から西へ1メートル離れている」という空間関係にあるので、そのネコはそのイグアナの西3メートルの所にいる。よって、東へ3メートル進めばイグアナのいるw内の場所に行き着ける。わたしは空間内の存在なので、わたしと空間的につながっている個体は、わたしと空間的につながっているいかなる個体とも空間的につながっているからである。もしAとBが空間的につながっていれば、AとBは同じ世界の部分でなければならない。世界を空間的にリアリスティックに解釈するかぎり、それは否定できない。

ならば、どうすればいいのか。ルイス流のリアリズムをやめて、ルイス流でないリアリズムをとればいいのである。ルイス流でないいかなるリアリズムをとればいいのかをみるために、古典論理を拡張して得られた時間の論理をさらに拡張してみよう。

7　過去・現在・未来

「常に」と「時々」に代表される時間の論理定項には、さらに、時制をあらわす言葉がある。「している」や「していた」や「するだろう」など、ふつうは接尾辞として生起する時制だが、それ自身独立した言葉として人工的に抽出することはむずかしくない。「□」や「◇」のように文の修飾子、すなわち、文のオペレーターとしてつぎのように抽出できる。

(15)　κp

(16)　γp

(17)　μp

「ϰ」、「γ」、「μ」はギリシャ小文字で、それぞれ「カッパ」、「ガンマ」、「ミュー」と読む。「ϰ」は「(　)だった」という意味の過去オペレーター、「γ」は「(　)だ」という意味の現在オペレーター、「μ」は「(　)だろう」という意味の未来オペレーターで、「p」はそういう時制オペレーターが適用される文だが、「p」自身は時制をふくんでもふくまなくてもいい。たとえば、もし「p」が「サキコはトライアスリートだ」という(現在時制ではなく無時制の「だ」の解釈のもとで)時制がない文ならば、(17)は「サキコはトライアスリートであるだろう」という単純未来時制の文になり、もし「p」が「サキコはトライアスリートだった」という過去時制の文ならば、(17)は「サキコはトライアスリートだった、ということになるだろう」という未来時制の文になる。前者は「未来の時点tがあって、サキコはtでトライアスリートだ」という意味の文であり、後者は「未来の時点tがあって、tより前の時点t_*があって、サキコはt_*でトライアスリートだ」という意味の文である。

「□」と「◇」のパラメーターとしてのみ時点をあつかうヴァージョンの時間論理では、時点はなくてはならないが、異なる時点のあいだの関係はいらない。特定の時点への言及ができ、「すべての時点」と「少なくとも一つの時点」の区別ができさえすればいいのである。それにくらべて、時制オペレーターを擁する時制論理では、すでにあきらかなように、時点のあいだの関係は不可欠である。その関係とは、いうまでもなく「(　)は(　)より前だ」という前後関係にほかならない。すなわち、「ϰ」は現在より前の時点、「μ」は現在より後の時点をあらわすのである。もちろん、「γ」は現在と同一の時点をあらわすので、前後関係ではなく、どんな論理体系にも必要な同一関係を要求するに留まる(同一関係ではなく同時関係が必要だという意見もあるが、時点のあいだの同一関係と同時関係を区別することは本書ではしない)。

注意深い読者は、(同一性と)時点の前後関係だけでは時制論理を意味づけることはできない、ということに気づいているかもしれない。ほかに何が必要かというと、多々ある時点のなかでも一つだけ特別な「現在(いま)」という時点である。その時点が選択されていなければ、「現在より前」、「現在と同一」、「現在より後(つまり、現在のほうが前)」が無意味になるので、時制の意味がなくなってしまう。では、現在という時点はいかにして選択されるのか。

「わたしはいまここにいる」と発話した場合の「いま」とは、どの時点なのだろうか。もちろん、その発話の時点にほかならない。現在時制は「いま」が言及する時点と同じだという前提に立てば、現在として選択される時点は、発話の時点だということになるだろう。そうだとするならば、時制の有意味な解釈のためには「発話の時点」という概念が必要になる。

サキコは、最近の自転車事故でケガをしてトライアスリートでなくなっているが、事故以前はきちんとトレーニングして多くのトライアスロン大会に出ていたとする。この状況を部分的に記述する、つぎの例文について考えてみよう。

(18) サキコはトライアスリートだった。

この文が時点tで発話されたとすると、そう発話された文としての(18)が真であるためには、t

より前の時点 t_* があって、t_* でサキコがトライアスリートでなければならない。つまり、(19)が t_* で真だということが必要である。

(19) サキコはトライアスリートだ。

t が自転車事故後の特定の時点だとすれば、t で発話された文としての(18)は真なので、(19)が真であるような時点 t_* が t より前にある。ということは、t より前の時点 t_* にサキコはトライアスリートとして存在する、すなわち、t_* にサキコは存在するということである。もちろん、サキコは t にも存在する。よって、サキコは t と t_* に存在する。さてここで、そう述べることに何の問題もないのだ、ということに注意しよう。二つの異なる重複しない時間にサキコは存在するのである。わたしたちは日常、そういうことはあたりまえだと思って生活している。じっさいのところ、そう思わなければ日常生活はできなくなるだろう。あなたが一週間前、わたしに五日間の期限つきでお金を貸してくれて、わたしがまだ返済していなければ、あなたはわたしに返済を求めることだろう。そうすることは、まったく理にかなっている。「わたしはいま存在しているだけで、一週間前には存在していなかった」などと主張して返済を拒むのはおかしい。そのような主張は、通常人からは笑い飛ばされるだろうし、法廷でも認められない。特定の個体が二つの別々の時点に存在する、ということにわたしたちは何の抵抗もないし違和感も感じない。社会全体の共通態度を制度として顕現化する法律も、それをあたりまえのこととして受け入れ、常に前提している。

これを世界についても主張すればいいのである。「□」と「◇」が導入するパラメーターの種類として、時点と世界は論理を共有する。共通の論理にしたがうならば、共通の存在論があってもいいのではないか。すなわち、別々の時点での存在が一つの個体にとって可能ならば、重複しない世界での存在が一つの個体にとって可能でもいいではないか。サキコがtとt_*に存在するのなら、わたしが@とwに存在してもいいではないか。別々の時点だからといってtとt_*が同一人物の存在を拒むことができないように、別々の世界だからといって@とwは同一人物の存在を拒むことはできない。そう主張すれば、世界についての、ルイス流ではない、もう一つの実在論が生まれる。

じっさい、様相にかんするわたしたちの日常的な思考は、そのような実在論を暗黙裡に前提しているように思われる。現実には座っているわたしが、まっすぐ立っていたかもしれない、という可能性は、わたしについての可能性であり、ほかの誰でもないわたし自身が、現実世界とは異なる世界にも存在し、そこでまっすぐ立っているという様相事実（アクセスできる世界についての事実）にほかならないのであり、そのような様相事実をわたしたちは想像力によって確認する、と認めるのは日常的思考の否定ではないだろう。

第 9 章

使えればいい

論理は人間の発明であり、人間生活・生存のための道具だ、という意見がある。「論理の道具説」とでも呼べそうなこの意見は、受け入れるに値するだろうか。それについて考えるにあたって、この意見の二つの側面を分けて別々に検討するのがいいだろう。「人間の発明」という側面と「道具」という側面である。

1 発明

まず、論理は「人間の発明」だという主張について考えてみよう。飛行機は人間の発明だが、これは、人間がいなかったら(人間による発明は何もなかったろうから)飛行機は(少なくとも地球上には)存在しなかっただろうということを意味する。同様に、もし論理が人間の発明であるのならば、人間がいなかったら論理は存在しなかっただろうということを意味する。では、人間がいなかったら論理は存在しなかっただろうか。これはむずかしい問いである。「論理が存在する」というのは、「飛行機が存在する」にくらべて意味が明瞭でないからだ。飛行機というのは物体なので、それがあるとかないとかいうのは、よくわかる。だが論理は物体ではない。そもそも「論理は人間の発明だ」というとき、人間が発明したとされるものはいったい何なのだろうか。物理的実体ではなく、何らかの言語的あるいは情報論的実体だといえるかもしれない。そうだとすると、それは論理的真理

（または論理の原理）だというのが無難な答えだろう。たとえば、つぎのような、おなじみの例をあげることができる。

（1）　pならばp。
（2）　p、またはpでない。
（3）「p、かつpでない」ということはない。

pがいかなる文だとしても（1）は真であり、これを論理的真理の一例とみなすのは自然である。（2）と（3）は、それぞれ、排中律と無矛盾律を受け入れる人なら誰でも、論理的真理の一例とみなすだろう。

　これらの真理を人間が発明するとは、いったいどういうことなのだろうか。論理的真理でない例と対比してみよう。

（4）　pならばq（あなたが女性ならば、地球は惑星である）。
（5）　p、またはqでない（クジラは魚類であるか、またはトカゲは爬虫類ではない）。
（6）「p、かつqでない」ということはない（「銅は金属であり、かつわたしは火星人ではない」ということはない）。

い。もし仮に発明者がいるとしたら、それは「自然界」と呼べるかもしれない何かだろう。地球が惑星かどうかということも同様である。(4)は(実質)仮言として真だが、それは人間が(4)を真な仮言として発明したからではない。これにくらべて「あなたが女性ならば、あなたは女性である」や「地球が惑星ならば、地球は惑星である」は真だが、それはあなたの性や地球の公転の有無にかかわらず、(1)という文型を持つということのみから帰結する。すなわち、「ならば」の意味によると前件と後件が同一ならば仮言は真だ、という事実によっているということだ。

クジラは魚類ではなく、トカゲは爬虫類なので(5)のこの例は真でさえない。よって、人間がそれを真として発明したなどとは、とうていいえない(偽として発明したのでもない)。銅は金属であり、わたしは火星人ではないので、(6)のこの例も真ではない。よって、人間がそれを真として発明したのではない(偽として発明したのでもない)。それにくらべて(2)と(3)は真であるのみならず、「または」、「でない」、「かつ」という言葉の意味によって真となっている。

論理的真理と言葉(論理定項)の意味のこの関係はすでに論じたが、目下の焦点は、論理的真理を人間が発明するとはどういうことかという問題に合わせられているので、ここでは、言葉の意味にのみ依存する真理が人間によって発明された、という立場をどう評価するかを考える必要がある。この立場は、人間が話す言葉の意味は人間が発明したのだ、という主張を受け入れれば実にもっともな立場であるようにみえるかもしれない。だが、ことはそう簡単ではない。

そもそも意味を発明するとは、どういうことなのだろうか。たとえば、「クジラ」という単語はクジラという動物を意味するが、クジラという動物はわたしたちが発明したものではない。「クジラ」という単語の意味をわたしたちが発明したのだとすれば、それはクジラという動物を発明したのではなく、クジラという動物を「クジラ」という単語に結びつけたということだろう。「食べる」という単語の意味は食べるという行為だが、その行為をその単語の意味として発明するとは、その行為をその単語に結びつけるということだろう。ここで、「結びつける」とはどういうことかという疑問が浮かぶのはもっともだが、もっともな疑問をすべていちいち熟慮していたのではページ数がいくらあっても足りないので、「結びつける」が少なくとも目下の文脈ではどういうことを意味するのかは明確にわかっていると前提して話を進めよう。

「クジラ」や「食べる」といった単語に結びつけられているクジラという動物や食べるという行為などとちがって、「ならば」、「または」、「でない」、「かつ」といった単語に結びつけられる意味は動物でも行為でもない。では、何なのだろうか。植物や鉱物でもないし、できごとや状態でもない。いかなる「もの」でも「こと」でもない。いったい何なのか。もちろん、答えはすでに出ている。それは真理関数である。真理表に明確にあらわされている真理関数なのである。前件が偽か後件が真ならば仮言は真だとか、少なくともどちらかの選言が真ならば選言は真だとか、否定文は否定された文とは反対の真理値を持つとか、両方の連言が真ならば連言は真だといった情報をあたえている真理表を読みとることによって、いかなる真理関数が「ならば」、「または」、「でない」、「かつ」に結びつけられるのかがわかる。そういう結びつきがあるからこそ(1)~(3)が真であり、そういう結びつきがあればリアリティーがどうあろうと(1)~(3)は真である。すなわち、そういう結びつきが、(1)~(3)が真であることの必要十分条件だということだ。

このことを確認すれば、人間が論理的真理を発明したのだという主張を擁護することになるのだろうか。いや、必ずしもそうなるとはいい切れない。なぜなら、真理についてのいままでの考察が浅すぎるからである。真理についてもう少し深く考えれば、論理的真理をふくめていかなる真理も人間によって発明されたとするのはむずかしいといえるかもしれないのである。これがいったいどういうことかを論じるために、その準備として、論理についてのもう一つの見解を検討するのがいいだろう。

2 道具

論理は道具だという立場を「論理の道具説」と呼ぼう。道具は、自然界に道具として前もって存在するのではなく、人間(やそのほかの動物)によって道具として使われて初めて存在するものなので、論理の道具説は「論理は人間の発明だ」という主張を裏づける立場だといっていいだろう。

論理の道具説と対になるのが「論理の相対論」である。それは、「色々なトピックについて色々な論理がある」という立場であり、異なるトピックには異なる論理が必要とされうる可能性を示唆するのみならず、そのような可能性は多くの場合避けられない現実だと主張する。目的によって道具を使い分けるのはあたりまえだ。シャツにボタンをつけるという目的達成のためには裁縫針という道具がいるし、釣り鐘をつくという目的達成のためには撞木という道具がいる。釣り鐘をつくのに裁縫針を使ったり、ボタンをつけるのに撞木を使うのは喜劇以外の何物でもないが、その喜劇性は、目的に応じて適切な道具を選ぶという必要性が背景になくては成立しない。道具のこの目的相対性と論理の道具説から、論理の相対論が自然に帰結する。トピックがちがえば、それを論じるために使うべき論理もちがうというわけだ。

たとえば、曖昧さを擁するトピックについては多値論理を使うべきだが、そうでないトピックについては古典的な二値論理でいいといえるかもしれない。また、ティーカップや惑星などマクロなものを語るのにふつうに使う論理は、電子や光子などミクロなものを語るのに量子力学で使うには向いていない、という人もいる。道具の目的相対性は否定できないので、論理の道具説を受け入れるかぎり、論理の相対論は否めない。

だが、論理の相対論で終わるのではなく、そこからある特定のさらなる主張を導き出そうとする誘惑は強い。その主張とは、「論理の非リアリズム」とでも呼べる主張である。プラクティカルな目的を達成するための道具として使われるのが論理の役割で、目的によって使われる論理が変わるのだとすれば、論理性はリアリティーに内在する特徴ではなく、わたしたちがリアリティーに対処する仕方の特徴でしかないということになる。すなわち、リアリティーそのものが論理的だとか論理的でないとかいうのは無意味であって、わたしたちがリアリティーに向かい合う際に使う道具に論理性は属するのだ、という主張が論理の相対論から帰結するというわけである。

この論理の非リアリズムによると、論理学は、リアリティーを正しく記述するにはこれこれの文を（論理的）真理としてあつかうべきだといっているのではなく、何々の目的達成のためにはこれこれの文を（論理的）真理としてあつかうべきだといっているのである。論理学はリアリティーについての学問ではなく、わたしたちとリアリティーのあいだの関係についての学問だというのである。とすると、わたしたちがいなければ、わたしたちとリアリティーのあいだの関係もないので、論理学の主題がなくなる。この意味で論理学の主題はわたしたちに依存するので、非リアリズムなのである。ノコギリがリアリティーの一部としてあらかじめ存在していたのではなく、あらかじめ存在していたリアリティーに対処するために人間が発明した人工物にすぎないように、論理もまた人間の発明の産物としての人工物にすぎないというわけだ（いったん発明されればノコギリは存在しリアリティーの一部になるのと同じように、発明された論理がリアリティーの一部になっている、ということを非リアリズムは否定するわけではないことに注意しよう）。

3　リアリズム

論理の非リアリズムは受け入れるべきだろうか。もっと正確にいうと、論理の相対論から論理の非リアリズムは本当に帰結するのだろうか（帰結するならば、論理の相対論は抵抗しがたいので、論理の非リアリズムを受け入れないわけにはいかなくなる）。まず、じっさいの道具について考えることからはじめよう。

ノコギリが人間の発明品だということは否定できない。人間がいなかったら、ノコギリは存在していなかっただろう（人間以外の宇宙人もふくめて、宇宙のどこにもノコギリの発明者がいなかったらノコギリは存在していなかっただろう）。ということは、ノコギリは、人間のような発明者を除いた、発明者とは独立のリアリティーとは無関係だということなのだろうか。もちろん、そんなことはない。林に生えている樫の木を切り倒すためにノコギリを使うのはいいが、コンニャクを使うのはおかどちがいだということは、誰もがみんな知っている。ノコギリもコンニャクも人間の発明品だが、人間とは独立のリアリティーに存在する樫の木への関わり方に大きなちがいがある。ノコギリをノコギリとしてきちんと使えば林の樫の木を切り倒すことはできるが、コンニャクをコンニャクとしてきちんと使って林の樫の木を切り倒すことはできない（ノコギリ歯の形状にカットを入れたうえで冷凍して使うのは、コンニャクとして使っていることにはならないし、たとえそのように使ったとしても林の樫の木を切り倒すことはできまい）。そして、この事実は人間の自由にはならない。いくら頑張って（通常の温度で通常の形状の）コンニャクを使っても樫の木は切り倒せない。コンニャクと樫の木には、そういう、わたしたちにはどうにもならない関係がある。それに対して、ノコギリと樫の木にはまったく別の関係があり、そのおかげでノコギリは樫の木を切り倒すといった目的にかなった道具になっている。この関係が、ノコギリの道具としての有用性を裏づけている。

この裏づけがあるような道具を作ることができるのが、人間の知能なのである。そうするために人間は、樫の木を切り倒すという行為について正しい理解を求め、その理解にもとづいてノコギリという道具を作りだす。ノコギリは人間の発明品だが、いかなる材料でいかなる形状に作れば道具として有用なノコギリになるかは人間の意のままにはならない。そこが道具作りのむずかしさであり楽しさでもある。つまり、樫の木を切るなどの目的のためにノコギリを発明するのは人間の自由だが、そうして発明されたノコギリが、その目的達成のための道具として有用かどうかは、人間の自由にはならない。樫の木にかんするリアリティーが決めることである。切るという目的にかんがみて樫の木の性質に見合ったデザインによって作られなければ、ノコギリは道具として有用ではありえない。この意味で、ノコギリのデザインは樫の木のリアリティーにマッチする必要がある。一般に、道具の有用性はリアリティーへの適切な対応を要求する。これを「道具の対応説」と呼ぼう。

道具の対応説のかなめは、わたしたちが自由に定める目的のためにわたしたちが自由に作る道具だが、その有用性はわたしたちの自由にはならない、ということである。コンニャクが樫の木を切るための道具として有効であれとわたしたちがいくら望んでも、それは叶わない。道具の有用性がリアリティーによって制約されるという、道具一般についてのこの論点は、道具としてみなされた論理にも当てはまる。すなわち、トピックによって変わる道具としての論理は、トピックについてのリアリティー次第で有用だったり有用でなかったりする。「コンニャクで切り倒すことはできない」という性質は樫の木に内在する性質であり、「ノコギリで切り倒すことができる」という性質も樫の木に内在する性質である。同様に、「二値論理で適切に論じることはできない」という性質はハゲという現象に内在する性質であり、「多値論理で適切に論じることができる」という性質もハゲという現象に内在する性質である(としよう)。この意味で、論理性はリアリティーの内在的な特徴だといえる。すなわち、論理の相対論から論理の非リアリズムは帰結しない。それどころか、論理の道具説から、道具の対応説を介して、論理のリアリズムが紛れもなく帰結するのである。

4　想像できない

たとえ論理が人間によって発明された道具だとしても論理性はリアリティーに内在する性質だ、ということを前節でみたが、本節では、リアリティー内に存在する論理の想像可能性について考えてみよう。

あなたは、自分がカフェでお茶を飲んでいるという状況を想像できるだろうか。もちろん、できる。じっさい、そういう状況でいまこの本を読んでいるのかもしれない。では、自分が軌道上の宇宙ステーションにいて地球を眺めている、という状況を想像できるだろうか。想像力が極端に欠けていないかぎり、これもたぶん想像できるだろう。宇宙ステーションの内部壁の曲がり具合などを細かく想像することはできなくても、地球表面の大陸の輪郭や、大気中に浮いている雲の形状などは大まかに想像できるだろう。こうしたいくつかの例から、「語りうるすべての状況は原則的に想像可能だ」という主張をしたくなる衝動にかられてもおかしくない。だが、そのような主張には多くの種類の反例がある。そして、そのうちの一つが論理的状況なのである。

想像しやすい状況からはじめよう。あなたはいまこの本を読んでいる。この状況は事実であり、もちろん想像できる。また、あなたは瞬きをしている。これも事実であり、想像できる。さらに、この二つの状況の連言状況、すなわち、あなたは本書を読んでいてかつ瞬きをしている、という状況も事実であり想像できる。最初の二つの想像を一緒にすればいい。

それにくらべて、あなたは本書を読んでいるかまたは瞬きをしている、という選言状況はどうだろう。これも事実であることにまちがいないが、連言状況と同じではないので、連言状況を想像したのと同じことをしたのでは、それを想像したことにはなるまい。だが、あなたが本書を読んでいるという状況と、あなたが瞬きをしているという状況を想像することなしに、この選言状況を想像することができるだろうか。二つの状況を想像するだけで「かつ」の部分も想像することになるのだとしたら、連言状況を想像することなしに選言状況を想像することはできないということになる。これは奇妙なことだ。問題はそれだけではない。「または」の部分を想像するということがどういうことか、あきらかではない。あなたが本書を読んでいるという状況を想像し、あなたが瞬きをしているという状況を想像して、さらに何をすれば前者または後者という選言状況を想像したことになるのかが、まったく不明である。

想像可能性があやしいのは選言状況だけではない。否定状況もそうである。あなたは火星の軌道上を回っている、という状況は事実ではない。すなわち、あなたは火星の軌道上を回っていない、という状況が事実である。この状況を想像することができるだろうか。あなたが本書を読んでいるという状況を想像しても、だめである。あなたが本書を読んでいるという状況は、あなたが火星の軌道上を回っていないという状況と同一の状況ではないのみならず、あなたが火星の軌道上を回っているという状況を排除さえしない。火星の軌道上を回りながら本書を読むということは不可能ではないからだ。たとえ火星の軌道上を回るという行為と相容れない行為、たとえば土星の軌道上を回るという行為をあなたがしているという状況を想像したとしても、ただそれだけでは火星の軌道上を回っていないという状況を想像したことにはならない。状況の否定性が想像されていないからだ。火星の軌道上を回っているという状況プラス否定性を想像して初めて、火星の軌道上を回っていないという状況を想像したことになるのだが、この「プラス否定性」の部分の想像がむずかしい。というか、それを想像することがどういうことなのか不可解である。

「ピエールがいない」ということを想像するために、ピエールを想像するのに加えて「がいない」ということを想像することが必要だとすれば、ピエールがいないという状況を想像することがどういうことか不可解だ、というのと同じである。

選言状況と否定状況の想像可能性をあきらめるまえに、もう一度連言状況にもどって、連言状況を想像することがいかにして可能かを再認識するとしよう。そうすれば、それを選言状況と否定状況に応用することによって後者の想像可能性がみえてくるかもしれない。

あなたは本書を読んでおり、かつ瞬きをしている。この連言状況を想像するということは、あなたが本書を読んでいるのを想像し、かつ、あなたが瞬きをしているのを想像することだ、ということだった。一般的にいって、pかつqという状況を想像するということは、pという状況を想像し、かつqという状況を想像すること、すなわち、連言状況を想像するということは、二つの連言肢を別々に想像して、その二つの想像を連言として結びつけることだ、ということなのであろう。連言状況の想像は、連言肢状況の想像の連言だというわけである。

これを選言と否定に応用すれば、選言状況の想像は選言肢状況の想像の選言であり、否定状況の想像は否定された状況の想像の否定だということになる。このアイデアにしたがえば、連言状況と否定状況を想像することができるといえるようになるだろうか。おもしろいアイデアだが、残念ながらうまくいきそうもない。

状況pの想像と状況qの想像の連言は、その二つの想像を両方するということなので、状況pの想像と状況qの想像の選言は、その二つの想像のどちらか一つをするか、または両方をするかだということになる。状況pの想像だけをしたとしよう。それが状況pの想像と状況qの想像の選言であるならば、それは同時に状況pの想像と状況rの想像の選言でもあることになる。「p」は「pまたはq」の選言肢であると同時に「pまたはr」の選言肢でもあるからだ。しかし、あなたが本書を読んでいるのを想像したからといって、それが即あなたが本書を読んでいるかまたはクジラが魚類であるということを想像したことになるのだろうか。そうは思えない。また、仮にもしそうなるとしたら、あなたが本書を読んでいるのを想像すれば、それは即あなたが本書を読んでいるかまたはクジラが魚類であるということを想像したことになるばかりか、あなたが本書を読んでいるかまたは金星が火星より大きいということを想像したことにもなるし、あなたが本書を読んでいるかまたは円周率が有理数であるということを想像したことにもなる。第二選言肢の候補は無限にあるので、あなたが本書を読んでいるという状況を想像するだけで、無限に多くの選言状況を想像したことになってしまう。これはおかしい。

さらに、あなたが本書を読んでいる状況をユミが想像し、わたしが甘酒を飲んでいる状況をエミが想像したとすれば、ユミとエミは同じことを想像している――ユミはxを想像し、かつエミもxを想像しているというような、そういうxがある――ということになってしまう。あなたが本書を読んでいるかまたはわたしが甘酒を飲んでいる、という選言状況がxなのである。この結果も受け入れがたい。

また、否定についても、まずい結果が出る。pでないという状況を想像するということが、pという状況を想像しないことであるならば、わたしが甘酒を飲んでいる状況のみを想像しているエミは、あなたが本書を読んでいないという状況を想像していることになってしまう。それどころか、金星は火星より大きくないと想像していることにもなるし、円周率は無理数ではないと想像していることにもなってしまう。わたしが甘酒を飲んでいるという状況以外の状況の否定状況をすべて想像していることになるのである。これは、あきらかに受け入れられない。

仮言状況の想像についても同じ類の問題が起きるということは、いわずもがなである。というわけで、状況の論理構造はわたしたちの想像力の範囲外にある。だが、この事実を過大評価してはならない。想像できないからといって、あるいはさらに、想像することがどういうことかさえ不可解だからといって、理解できないということにはさらさらならない。ピエールがいないということや、あなたが火星の軌道上を回っていないということ、そして、あなたは本書を読んでいるかまたは瞬きをしているかどちらかだということは容易に理解できるし、わたしたちはじっさいに理解している。リアリティーには、そのように理解された論理的構造がある。リアリティーにそのような構造があるという主張を、想像できないという理由で退けるのは性急であり、想像力に権威をあたえすぎている。わたしたちの理解力は、想像力を超える能力なのである。

論理学の対象およびその内容は、おおかた想像を絶する。前節でみた論理のリアリズムと合わせると、これは、リアリティーの重要な部分が想像を絶するということである。本質的に知覚に依存する想像力のアプローチを拒む、そのようなリアリティーの部分について探究するには、思考力に頼る以外にない。悟性と理性を駆使するのみである。論理学は、そういう意味でピュアな思考の営みなのである。

あとがき

何を語るにも論理がいる。論理を語るのも例外ではない。論理について語るためには、論理を使う必要がある。だが、これは不可能なことではないのか。xを語るための必要条件がxだということは、xを語ることなどできないということなのではないか。語ることなどできず、たかだか何らかの意味で「示す」ことができる、ということにとどまるのではないか。

そうだと思うのは、混乱した神秘主義である。本書を読んできた読者には、そうではないということがあきらかだろう。木綿のシャツを着て木綿の生地を語れるように、酸素呼吸しながら酸素の化学的性質を語れるように、論理にしたがって論理を語ることには何の無理もない。日常から浮き上がった、何か深遠で捕まえどころのない学問としてあるのが論理学ではない。わたしたちが日常生活でふつうに使っている思考能力の一部である理性、すなわち推論する能力、を規制し一般化する体系的学問が論理学である。人間の本質の一片である理性の学問である論理学が少しでも身近に感じられるようになった読者が一人でもいたとしたら、本書の目的は達成されたことになる。

岩波書店からの拙著『「正しい」を分析する』で書き残したトピックが二つあった。その一つが論理で、それについての話をまとめたのが本書である。もう一つのトピックは自然数論で、それについての話をまとめた本も、本書のあとすぐに出版される予定である。二つの書き残されたトピックを別々の二冊の本であつかおうという思慮深い提案をし、巧みにそのプロジェクトの完了へと導いてくださった岩波書店の押田連氏には深く感謝する。

二〇一七年十二月十一日　京都

八木沢敬

八木沢 敬

1953年生．プリンストン大学大学院修了(Ph.D. 1981)．現在，カリフォルニア州立大学ノースリッジ校哲学科教授．専攻：形而上学，言語哲学，心の哲学．著書：*Worlds and Individuals, Possible and Otherwise*(Oxford UP, 2010)．『分析哲学入門』(2011)，『意味・真理・存在』(2013)，『神から可能世界へ』(2014)，『『不思議の国のアリス』の分析哲学』(2016，以上いずれも講談社)，『「正しい」を分析する』(2016，岩波書店)など．

岩波現代全書 111
「論理」を分析する

2018年1月18日　第1刷発行

著　者　八木沢《やぎさわ》 敬《たかし》

発行者　岡 本　厚

発行所　株式会社 岩波書店
〒101-8002 東京都千代田区一ツ橋 2-5-5
電話案内 03-5210-4000
http://www.iwanami.co.jp/

印刷・三陽社　カバー・半七印刷　製本・松岳社

ISBN 978-4-00-029211-5　Printed in Japan

岩波現代全書発刊に際して

いまここに到来しつつあるのはいかなる時代なのか。新しい世界への転換が実感されながらも、情況は錯綜し多様化している。先人たちは、山積する同時代の難題に直面しつつ、解を求めて学術を頼りに知的格闘を続けてきた。その学術は、いま既存の制度や細分化した学界に安住し、社会との接点を見失ってはいないだろうか。メディアは、事実を探求し真実を伝えることよりも、時流にとらわれ通念に迎合する傾向を強めてはいないだろうか。

現在に立ち向かい、未来を生きぬくために、求められる学術の条件が三つある。第一に、現代社会の裾野と標高を見極めようとする真摯な探究心である。第二に、今日的課題に向き合い、人類が営々と蓄積してきた知的公共財を汲みとる構想力である。第三に、学術とメディアと社会の間を往還するしなやかな感性である。様々な分野で研究の最前線を行く知性を見出し、諸科学の構造解析力を出版活動に活かしていくことは、必ずや「知」の基盤強化に寄与することだろう。

岩波書店創業者の岩波茂雄は、創業二〇年目の一九三三年、「現代学術の普及」を旨に「岩波全書」を発刊した。学術は同時代の人々が投げかける生々しい問題群に向き合い、公論を交わし、積極的な提言をおこなうという任務を負っていた。人々もまた学術の成果を思考と行動の糧としていた。「岩波全書」の理念を継承し、学術の初志に立ちかえり、現代の諸問題を受けとめ、全分野の最新最良の成果を、好学の読書子に送り続けていきたい。その願いを込めて、創業百年の今年、ここに「岩波現代全書」を創刊する。

（二〇一三年六月）